동아시아 도시의 접속과 연결

실천편

이 논문 또는 저서는 2022년 대한민국 교육부와 한국연구재단의 지원을 받아 수행된 연구임(NRF-2022S1A5C2A04093315)

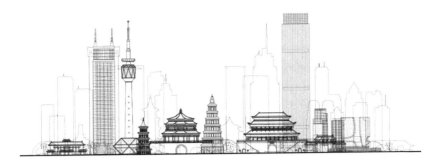

동아시아 도시의 접속과 연결

대구대학교 인문과학연구소 동아시아도시인문학총서

16 실천편

권응상
김상수
김정학
사다토시카
최경호

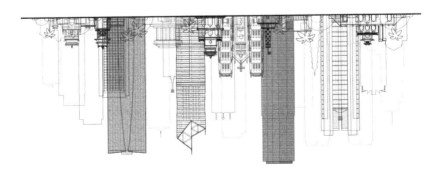

學古房

서문

　수도권 집중과 지방 소멸이 큰 화두다. 수도권 사람들은 별 관심이 없고, 정치인들은 필요할 때만 적당히 레토릭을 쓴다. 갈라치기도 유행이다. 수도권 집중은 수도권 사람들 문제이고, 지방 소멸은 지방 사람들 몫이 되어버렸다. 그러니 아무도 믿지 말고 우리가 우리 지역을 이야기할 수밖에 없다.

　혁신도시부터 국가공단까지, 정부가, 지자체가, 정치인이 시도한 무수한 지방 살리기는 모두 실패했다. 지방 소멸에 가속도만 붙었다. '지방에 살아보니 못 살겠더라'는 경험사례만 더 보탰다. 가시적 성과나 즉시적 효과를 위한 수치적 결과에만 초점을 맞춘 정치적 계획, 물리적 지원의 한계라고 생각한다.

　지역의 시민이, 주체가 아니라 대상화되었기 때문이라고 진단한다. 도시 '혁명'까지는 아니더라도 시민이 주도하는 우리 지역 살리기 '운동'이 필요하다. 우선 문화적 동질성을 가진 동아시아의 도시들과 접속해보자. 그리고 상호의 고민과 관심사를 공유하는 시민을 연결하자. 이러한 과정 자체가 지역을 재발견하고 지역민의 마음을 재정립하는 에너지가 될 것이다. 메가시티의 물리적 질량에 맞서 동아시아 도시의 문화적 정신과 이야기를 연결하고 재구성해 보자는 것이다. 효과나 성과에 연연할 필요 없이 생각나는 대로, 내키는 대로 접속하고 연결해 보자는 것이다. '리좀'식으로 말이다.

그 속에서 우리 지역의 정체성을 새롭게 인식하게 될 것이고, 자랑스러워하게 될 것이다. 그러다 보면 이곳에 살고 싶어질지도, 나아가 살기를 권하고 싶어질지도 모를 일이다. 이러한 우리의 접속과 연결은 효과나 성과 같은 수량 단어나, 실패나 성공 같은 포폄(褒貶) 단어로 형용할 필요가 없다. '접속과 연결' 자체가 우리 스스로 펄럭이는 작은 날갯짓이고, 또 그 자체가 우리 삶의 과정이기 때문이다. 국가에, 자본에, 권력에 매몰되지 않는 소소한 문화적 삶이야말로 '서울의 삶'이 흉내 낼 수 없는 우리의 삶일 수 있다고 생각한다.

이것이 지금 우리가 동아시아 도시에 주목하는 이유이다.

이 책은 대구대학교 인문과학연구소가 영남일보, 대구경북학회와 공동으로 주관한 시민 강좌의 논의들을 모은 것이다. 대한민국은 수도권 일극주의로 인해 대구를 비롯한 지역 중추 도시가 쇠퇴하는 심각한 상황에 봉착되어 있다. 이에 시민과 함께 비슷한 처지의 동아시아 도시를 공부하고, 이를 기반으로 대구 경북의 지속가능성을 고민하는 공론의 장을 마련했던 것이다. 원론에서부터 각론까지 주옥같은 논의들이 오갔다. 기록할 가치가 크다.

2023년 12월
대구대학교 인문과학연구소장 권응상

목차

대구경북 새로운 모색,
시민과 함께하는 도시학 강좌*

박종문
영남일보 편집국 부국장

영남일보와 대구경북학회, 대구대 인문과학연구소는 공동으로 '대구경북의 모색, 동아시아 도시와 접속하다'라는 주제로 시민강좌를 마련했다.

이번 시민강좌는 대구경북학회(회장 박승희 영남대 교수)가 지난 2019년부터 지역대학에서 시작한 '대구경북학 강좌'와 대구대 인문과학연구소(소장 권응상 교수)가 추진 중인 동아시아 도시인문학 프.

---

* https://www.yeongnam.com/web/view.php?key=20230216010002258

로젝트를 결합한 기획 프로그램이다.

대구경북학 강좌는 지역대학생들에게 지역문제해결을 위한 기획과 지역 사회에 대한 전반적 이해 교육의 필요성에 따라 지난 2019년부터 경북대와 계명대에 시작했다.

2022년 2학기 현재 대구경북 10개 대학에서 강좌를 진행해 4천500여명이 수강했다.

대구경북학 강좌는 대구경북학회와 대구경북연구원이 공동으로 교육을 추진했으며, 대구경북지역 각 분야 전문가들이 강좌를 통해 지역 대학생(청년)들의 정체성 제고와 지역사회 참여 의식을 높이고 지역에 관한 정보(일자리, 사회문화, 활동, 지원정책)를 공유하고 있다.

대구대 인문과학연구소는 한국연구재단에서 지원하는 'LMS-ACE 교육과정 개발 및 인문교육 시스템 구축: 철길로 이야기하는 동아시아 도시인문학'이라는 프로젝트를 진행하고 있다.

이번 시민강좌는 독창적인 도시성을 기반으로 동아시아에서 도시혁명을 진행 중인 도시에 대한 탐색을 통해 대구경북의 새로운 도시모델을 찾는 것이 목적이다. 또한, 동아시아 도시들의 다양한 경험과 문화적 독창성을 현장 탐방을 통해 살펴보는 기회도 함께 가질 계획이다.

이번 강좌는 시민과 지역학 전문가들이 캡스톤 디자인 방식으로 특강과 토론, 의제를 함께하는 각별한 과정으로 구성되었다. 강사진은 관련분야 지역학 전문가들을 중심으로 구성되었다. 특강 이후에는 동아시아 도시들을 직접 탐방하는 기획을 통해 동아시아 도시의 가능성을 직접 현장에서 확인할 예정이다.

강좌는 크게 세 영역, 10강으로 구성되었다.

우선 도시에 대한 새로운 관점을 제공할 5개 특강이다. 국가로부터 분리된 탈위계적인 도시가 주제이다.

다종적인 문화접촉과 장소로서의 도시를 현재적 관점에서 바라보는 강좌들이다. 도시의 장소성에 대한 새로운 관점, 탈국가적 도시혁명, 혁신도시와 대학, 하이브리드 도시 공간, 도시의 독특한 문화 접속 등이 주요 내용이다.

두번째 영역은 동아시아 도시들에 대한 구체적인 탐색이다.

동아시아의 도시 문화와 전통문화, 박물관과 문화콘텐츠, 개별 도시들의 공간 가치 등 내용은 다양하다.

베이징의 공간문화와 교토의 도시 정체성과 콘텐츠, 동아시아의 박물관, 사진으로 만나는 동남아시아의 민속, 그리고 스토리로 떠나는 동아시아 여행 등 동아시아 도시들에 대한 속깊은 읽기가 두번째 특강의 핵심 내용이다.

이번 강좌의 가장 매력적인 기획은 세번째다. 동아시아 도시 탐방이다.

전문가와 함께 동아시아 도시들을 내부를 탐방하는 특별한 시간을 가질 예정이다. 대한민국 경주, 일본 교토, 중국 시안이 예정지이다.

강좌는 대구생활문화센터에서 3월 9일부터 매주 저녁 6시 30분에 시작된다. 영남일보에서는 특강에 앞서 주요 내용을 지면에 담아 시민들과 공유한다. 탐방 이후 대구경북의 새로운 모색 과정에도 참여할 계획이다.

포구서 물물교환해 생계유지
…5m 안팎 작은 배서 주거생활*

김상수
다큐멘터리 사진가
전 월간 '우리바다' 편집장

- 영주권 없어 뭍 내딛으면 불법
- 바다에 없는 생필품 싣고 떠나
- 레가타 레파 기간 몸·배 치장
- 말레이시아서 '레파 퀸' 선정

---

* https://www.yeongnam.com/web/view.php?key=20230326010003341

바다 위, 전통어선에서 생활하는 바자우(Bajau)족, 바다 집시들은 이제 소수만 남아있다. 말레이시아와 필리핀, 인도네시아 등 각 국가들은 뭍에 정착한 바자우족에게 영주권을 준다. 그러나 그냥 바다에서 선상생활을 하는 바자우족은 영해에 있다 하더라도 그 나라 영주권이 없다. 그러므로 뭍에 발을 내딛는 순간 불법 입국자가 된다.

이미 오래전부터 말레이시아 사바주 산간마을 등에 정착한 '육지 바자우'와 여전히 바다 곁에 붙어사는 바다집시 바자우족은 '같으나 다르다'. 본 뿌리는 같되, 생활 모습은 확연히 다르다는 얘기다. 예전에는 자신들만의 언어를 사용했으나, 지금은 물물교환 등 생활을 위해 말레이시아어도 알아듣고 말도 한다.

오랑 라우트(orang laut: 물의 민족)라고도 불리는 무국적 바자우족들은 이제 뭍사람들의 눈치까지 잘 살필 수 있어야 바다 위에서의 유랑생활이 그나마 무난해진다. 표해민(漂海民)답게 잡은 해물을 해안에 늘어선 상인들에게 넘기고 대신 받아 든 생필품을 챙기자마자, 단속 경찰의 사나운 눈길을 피해 서둘러 바다로 되돌아가야 하는 게 오늘날 바자우족들의 모습이다. 뭍이라는 곳은 셈포르나(SEMPORNA)로 말레이시아 사바주 동쪽 해안에 들어선 어촌이다. 인도네시아와 인접해 있고 어부들은 타위타위(TAWI TAWI)섬 등 필리핀과 같은 바다를 삶터로 여기며 살아간다. 말레이시아 바다로 흘러든 바자우들이 물물교환 등을 위해 발을 딛는 이곳은 셈포르나에서 가장 번잡하다는 포구 주변이다. 매일 이른 아침이면 바자우들은 레파에 싣고 온 말린 가오리, 해삼 등 다양한 건어물을 뭍에 올리고, 대신 자신들의

바자우족 축제 레가타 레파가 열리는 날 아침 셈포르나 포구를 향해 오는 레파 행렬.

주식인 쌀과 녹말, 설탕과 커피 등 바다에서는 얻을 수 없는 생필품을 레파에 싣고 서둘러 떠난다.

바다를 유랑하는 표해민(漂海民)들에게 있어서 뭍은 그리 익숙지 않은 곳이다. 레파에 올라 바다로 나가야 마음의 안정을 되찾는다. 레파(Lepa)는 뭍에 정착하는 대신 여전히 이 바다 저 바다를 떠도는 바다 집시들에게 어구로서의 배이자 주거장소로서의 집이기도 하다.

바다 위에서 마주친 전형적인 한 바자우의 배는 저래도 될까 싶은 정도로 작다. 선체 길이는 5m 안팎, 좌·우현 흘수(吃水)까지 낮아 파도가 치면 바닷물이 쉽게 배 안에 넘칠 듯하다. 지붕에는 그물 따위가 실려 있고, 곳곳에 알록달록 빨래가 걸려있다. 돛대가 보이지 않으니 오로지 상앗대와 근력만으로 배를 몰아갈 터인데, 뜨거운 햇볕과 더위 방지는 좌·우현을 막은 판자가 전부다. 밥 짓기 위한 화덕과 어느 만큼의 장작, 한밤중 조업을 위한 등불이며 얇은 이불 따위도 실려 있다.

다른 사람의 눈으로는 추레하달 수밖에 없는 배가 화려하게 치장되는 시기도 있다. 바로 레가타 레파(Regatta lepa) 기간이다. 우리가 집 안팎을 치장하듯 이물과 고물을 전통무늬로 조각을 하거나, 선체에 알록달록한 페인트로 색을 입히기도 한다. 다양한 천으로 꾸민 역삼각형 모양새의 태피스트리 돛을 걸어 갈무리를 하고 보란 듯이 배를 몰아 셈포르나 포구로 모여든다. 동족들끼리 배 모는 솜씨를 겨루는 축제니 셈포르나는 물론 주변 섬에 정착한 바자우족들도 크고 작은 레파를 직접 몰거나 도선을 이용해 축제장으로 찾아온다. 이날만큼은 제복들의 눈치 따위를 살피지 않는 대신 뭍에 오르면 생긴다는 '땅멀미'를 각오하고 나선 길이니 특히 여성들은 옷매무시나 얼굴에도 신경을 쓴 듯이 보인다.

이렇게 레파고 몸이고 치장하느라 애쓰는 바자우들보다도 이를 구경하는 사람들의 눈이 더욱 즐거운 것은 당연한 일이다. 다민족 국가인 말레이시아 사바주 정부에서는 이리 별나고 화려한 모양새로 시선을 끄는 바자우 전통어선 레파를 관광자원이자 문화유산으로 여겼다. 해마다 아름답게 꾸민 배를 몇 척 선정해 소유자인 바자우족에게 상품으로 모터엔진과 상금까지 곁들여 주는 한편, 바자우 여성 중에서 '레파 퀸'을 선정해 왕관 대관(戴冠)은 물론, 상금까지 챙겨주면서 적극 장려해 오고 있는 것이다.

뮤지엄을 통해 본 동아시아 도시의 잠재적 가치*

김정학
대구어린이세상 관장

- 문화유산으로 도시 이해 높여
- 지역 이야기 예술작품에 담아
- 시민들 역사 통해 책임감 배워
- 도시가 젊은이들에 유도해야

---

* https://www.yeongnam.com/web/view.php?key=20230409010001138

서양의 오랜 타자였던 동양을 두고 영국시인 R. 키플링은 "동양과 서양 이 쌍둥이들은 더 이상 만날 수 없으리"라고 노래했지만, 백남준의 작품 '바이 바이 키플링'으로 허사(虛辭)가 되어버린 지 오래다. 하지만 다시 정의될 아시아는 이제까지 알고 있던 아시아와는 많이 다른 모습일지 모른다고들 생각했다. 그 과정에서 일본은 많은 도시를 '창조도시'로 발 빠르게 출발시켰고, 도시환경보다도 문화적 환경에서 창의성이 나타날 거라는 생각을 일깨워 주었다. 하지만 시민은 도시의 역사적 맥락과 지역 문화의 독특함을 이어가지 못하면 '경험의 소비시대'를 향한 꾸준한 변화는 진행되지 않을 거라 우려하고 있었다.

명치유신 이래 '탈아입구(脫亞入歐)' 노선을 택했던 일본의 새로운 선택은 '탈구입아(脫歐入亞)'인 듯 보인다. 이걸 후쿠오카 시민들은 문화적 교류 확대 때문이라 생각했다. 일본은 우리보다 먼저 겪었고 먼저 실험하고, 먼저 절망하고 먼저 희망을 찾았다. 21세기에 들면서 후쿠오카는 '아시아의 현관'이라는 캐치프레이즈를 내세웠고, '도시의 매력이 곧 도시의 경쟁력이 된다'고 강조했다. 그들의 오만한 캐치프레이즈가 곳곳에서 단순히 '오만'에만 그치는 것이 아님을 보여주고 있었다. 일본은 다른 문화와 충돌하고, 모방하고, 융합함으로써 문화가 발전한다고 생각했고, 후쿠오카는 자신의 문화와 독창성을 발전시킴으로써 국제경쟁력을 개발하게 될 거라 기대하고 있다.

본질적으로 예술적이거나 전통적인 활동의 지원에 늘 적극적인 이 도시는 국제공항의 이름은 후쿠오카(福岡), 기차역의 이름은 하카타

(博多)이다. '모두를 위한 예술, 미래를 위한 예술'이라는 예술문화진흥 비전으로 다양한 시민 활동, 예술·문화를 통한 도시브랜드의 출발을 알린 후쿠오카는 어느새 많은 수의 문화 관련 시설, 특히 극장과 박물관을 자랑삼는 도시가 되었다. "무엇보다도 도시를 알게 할 박물관이 지금도 과거는 낯설게 다루고, 현재는 회피하며, 미래는 무시하고 있다"는 어느 전문가의 표현은 박물관이 무한책임을 져야 한다는 의미로 들린다. 한 도시의 가치를 그 역사가 담긴 박물관이 오롯이 드러내 보이기란 쉽지 않겠지만, 후쿠오카와 인근 박물관 세 곳이 보여주는 잠재 가치는 부럽기 그지없다.

먼저 '향토역사를 올바르고 알기 쉽게 전시하며, 문화유산을 활용하여 시민과의 소통의 장이 되고, 향토의 역사와 여러 조건을 종합적으로 자리매김하여 후쿠오카를 올바르게 이해시키는 박물관이 되어야 한다'는 '후쿠오카 시립박물관'의 이념은 결코 허언이 아님을 전시장에서 알게 한다. 그리고 '간몬해협박물관'은 수많은 사건의 무대인 지역의 이야기를 예술작품으로 재현하고 있으며, 모지항의 변화를 레트로 분위기로 보여준다. 또한 전쟁의 역사를 표현한 최첨단 애니메이션 영상에서도 역사가 주는 큰 선물을 받는 느낌을 지울 수가 없다. 마지막으로 후쿠오카현 다자이후(太宰府)의 '규슈국립박물관'은 '일본은 아시아와 어떤 관계를 맺으며 독자적 문화를 형성해 왔는가'를 콘셉트로 2005년에 개관한 네 번째 국립박물관으로 '바다의 길, 아시아의 길'이라는 슬로건을 테마로 한 상설전시로 일본의 교류사를 드라마틱하게 체감할 수 있다. 박물관 1층의 어린이박물관 '아짓파'에서는 '다문화-공존'을 전해주고 있다.

1266년 동안 한 이름으로 존재해 온 '대구'를 우리는 어느 곳에서, 얼마나 공감할 수 있는가. 역사 속에서 배워야 할 자존감이 결여된 도시는 책임감을 갖기 어렵고, 책임감이 결여된 시민이 정의롭기는 더욱 어려운 법. 역사를 사랑한다지만 알지 못하고, 알았으되 힘들어 했다면 대구는 지금 몇 시인가.

어쩌면 지금 이 시간은 청춘세대와 역사의 접점을 어떻게 더 늘려 갈 것인가를 고민해야 할 때라고 생각한다. 그뿐만 아니라 젊은이들로 하여금 바른 역사를 만나는 것이 얼마나 위대한 수업인지를 경험케 했으면 좋겠다. 어디에 있든 박물관은 이상적인 학교이기 때문이다.

베이징 후통 다양한 사람 모여
새 공간에 주민들 활기 남겨야*

최경호

영남대학교박물관 학예연구원
북경 도시학 전문가

- 도시 전통 주거문화 잘 보여줘
- 문화대혁명때 '항진붕' 영구화
- 市, 역사문화도시 만들기 진행
- 새로운 건축 대체 문제점 제기

---

* https://www.yeongnam.com/web/view.php?key=20230418010002239

중국 베이징의 특징적인 뒷골목, 후퉁(胡同)에 관심을 가지게 된 배경은 동일한 장소가 사람에 따라 어떻게 인식되고 활용되는가에 대한 호기심이었다. 특히 전통적인 장소를 보존하거나 개발하는 방식이 다르게 나타나는데 이런 과정들을 추적하고 싶다는 생각이 들었다. 후퉁은 다양한 종족과 다양한 계층의 사람들이 함께 어우러진 매력적인 장소이다.

베이징 후퉁은 원나라 때부터 형성되기 시작해 오늘날까지도 그 큰 틀이 여전히 유지되고 있다. 언어학자인 장칭창(張淸常)에 따르면 후퉁은 몽고어 'xutok', 즉 우물(水井)에서 파생된 말이다. 중국 사회과학원에서 출판한 '현대한어사전(現代漢語辭典)'에 후퉁은 '작은 골목길'이라고 설명되어 있고, 중국의 백과사전 격인 '사해(辭海)'에는 '원나라 사람들이 골목을 후퉁이라고 지칭했다'고 되어 있다. 후퉁은 현대 베이징의 2차 순환도로 내에 여전히 존재하고 있으며, 베이징의 전통적인 주거문화를 잘 보여 준다. 전통 건축인 사합원(四合院)이 일렬로 늘어 서 있고 그 사이에 형성된 통로가 바로 후퉁, 즉 뒷골목인 것이다. 이들은 각기 베이징이라는 도시 공간의 세포와 신경이다. 왜냐하면 베이징은 거대한 사합원이라고 할 수 있는 자금성(紫禁城)과 더불어 수많은 사합원과 후퉁으로 이루어져 있기 때문이다.

1949년 중화인민공화국 성립 후, 베이징의 구시가지와 기존의 주민거주구역에는 대규모의 변화가 일어났다. 베이징의 옛 성벽과 성문이 대부분 철거되었기 때문이다. 천안문광장이 웅장한 자태로 건설되었고 장안대가(長安大街)가 확장되었으며, 공장·학교·상점·기관·호텔 등과 같은 공용시설이 대규모로 건설되기 시작했다. 또한 인구의 증가로 인하여 주거공간은 더욱 부족해졌다. 이때부터 사합원 안의 정원과 같은 여유 공간에는 가건물로 채워지기 시작했다. 현대화 과정에서 후통은 이미 베이징의 발전과 건설에서 '천덕꾸러기'가 되고 말았다.

문화대혁명 시기는 베이징의 후통과 사합원의 공간이 가장 치명적으로 훼손되는 기간이었다. 1960년대 홍위병(紅衛兵)들은 사합원의 각종 조각품과 문양 그리고 예술품들을 마구잡이로 훼손하였을 뿐만 아니라 평범한 인민들의 전통적인 문화체계 또한 마음껏 유린하였다. 설상가상으로 1976년에는 베이징 근처의 당산(唐山)에서 대지진이 발생하게 된다. 이때 지진에 대비하기 위해 이미 복잡해지기 시작한 사합원의 공간 안에 많은 '항진붕(抗震棚)'이 들어서게 된다. 이때 만들어진 '항진붕'들은 계속되는 인구의 증가로 인해 가건물에서 영구적인 건물이 되고 말았다.

1980년대 이후, 베이징 후통에 새로운 현상이 나타나기 시작했다. 전통과 과거에 대한 향수를 지닌 화교(華僑)들과 개혁개방의 과정에서 부를 획득한 중국인들이 낡은 사합원을 사들여 그것을 허물어 새로운 사합원을 짓기 시작한 것이다. 1990년대에 들어서서는 베이징에 장기 거주하는 외국인 중에도 이러한 흐름에 동참하는 사람이 나타나기 시작했다. 이러한 과정에서 '대잡원(大雜院)'이 되어 버린 사합원의 거주자들은 베이징 교외의 허름한 집 한 채 구입할 자금도

중국 베이징 후퉁

안 되는 보상금을 받고 이주를 강요받았다.

2000년대 와서 베이징 후퉁은 소위 '핫플레이스'가 되었다. 베이징시(市) 차원에서 '역사문화도시' 다시 만들기의 일환으로 공표된 '보호계획'은 현재진행형이다. 하지만 방법론에서 많은 문제점이 노출되고 있다. 그중에서 가장 두드러지는 것은 바로 오래된 집을 철거하고 그 자리에 새로운 전통 건축으로 대체하는 것이다. 이렇게 되면 새로운 공간은 의도와는 달리 죽은 공간으로 변모할 수 있다. 그 속에 살던 사람이 흔적들이 사라지고 공허한 건축만이 남아 있는 식이다. 베이징 역사문화도시 프로젝트가 성공하기 위해서는 후퉁을 화석화된 박물관으로 만드는 데 힘을 소비할 것이 아니라, 지역 주민의 활기가 느껴지는 장소로 재탄생시키는 데 주안점을 두어야 할 것이다.

지역사회 역사, 연구자·주민이 함께 살펴보고 후세대에 전달해야*

다나카 사토시
교토 리쓰메이칸대 문학부 교수

• 日 문화수도 교토 지역 이미지
• 역사학이 밝히는 실상과 달라
• 단편적인 지식 익히는 것 지양

---

* https://www.yeongnam.com/web/view.php?key=20230430010003824

일본에서 교토는 '고도' '문화수도' 등으로 평가받는 관광도시이다. 2023년 4월 현재 코로나19 이전을 연상케 하는 국내외 관광객들로 붐비고 있다. 또 교토의 각 대학에는 '교토학' 강좌가 설치되어 다수의 학생이 배운다. 나는 2006년부터 교토학 수업을 담당하며 연구와 교육 현장에 관여해 왔다.

일반적으로 이미지화되는 '교토학'은 교토의 전통예능·전통공예, 의식문화의 성립, 사찰이나 시가지가 즐비한 독특한 경관, 혹은 기온마쓰리나 아오이마쓰리 등 오랜 역사를 지닌 제례 등 독특한 지역문화에 대한 문화사적 연구이다. 한편으로는 근현대 교토의 정치운동이나 사회문제의 실태를 해명하고 장래의 거리조성을 전망하는 연구도 많다. 역사학, 지리학, 사회학, 건축학, 문학, 미술사, 인류학과 같은 연구방법이 확립된 인문학 분야의 기법에 따라 연구자가 각각의 문제의식에서 자료를 수집하여 구체적 대상에 접근하는 연구 등이며, 단일적인 '교토학'이라는 것은 아직 없다. 이외에도 '에도학' '도호쿠학'이라는 지역학도 있지만, 독자적인 방법론을 구축하려는 의지가 명료한 것은 많지 않다.

한 문학연구자는 '교토학'을 '생활의 일부' '역사지식' '지역봉사' '독자적 학문영역' 등 4가지로 분류했다. 학생들은 이 자유로움을 보고 교토라는 역사의 장에 관한 소박하고 다양한 흥미를 살린 연구를 할 수 있다고 느끼고 있다. 그렇다면 '교토학' 연구는 학생들이 지역사회를 마주하며 하루하루 얻고 있는 실감과 그 일의 역사적 의미에 대한 설명을 연결하는 역할을 맡아야 한다. 단순히 지역의 역사와 문화에 관한 단편적인 지식을 익히는 것만으로는 현대사회에 넘쳐나는 '교토'를 둘러싼 불확실한 언설의 바다로 흘러갈 뿐이다.

　나는 대학 강의에서 도시로서의 긴 역사, 기온마쓰리 등의 제례나 전통 산업, 하나마치의 화려한 '문화의 수도'라고 하는 일반적인 교토 이미지와 역사학이 실증적으로 밝히고 있는 실상과의 격차를 다룬다. 고아와 들개가 서성거리고 사취가 감도는 헤이안쿄, 니시진오리와 시미즈야키를 지탱하는 다수의 외국인 직공, 난징을 침공해 필리핀에서 전멸한 교토 출신 육군 병사들 등 실제 역사를 알 때 관광도시 '고도' 상은 교토의 극히 일부를 강조한 허상임을 실감할 수 있다.

　현대사회에 공유되어 소비되는 '교토의 역사'란 후세의 역사관에 기초한 사료해석을 집성하여 만들어진 이미지로 사료를 남긴 주체, 시대나 연구자, 학문 분야가 다르면 역사상 자체도 바뀐다. 1천200년 동안 수도였던 교토에는 다양한 이미지가 쌓여 지금에 이르고 있으므로 이를 자각해야 한다. 이 시점에서 비로소 일견 자료로 보이지 않는 신문기사 스크랩, 사찰 범종이나 길가 초석에 적힌 명문, 수백 년 지속되는 지역 풍습, 전쟁 중 체험 증언, 유젠염색의 종이본이나 대장 등 지역에 오래 존재하지만 알려지지 않은 '지역의 역사자료'의 가치를 알 수 있다. 이러한 생생한 역사의 기억을 어떻게 발굴해 공공재로 만들어 나갈 것인가. 지역사회가 걸어온 역사에 대해 연구자와 주민이 함께 살펴보고 이야기를 듣고 기억하며 다음 세대에 전달하는 일상적인 문화운동을 구축할 필요가 있다. 이 실천적 지역학이야말로 폐색된 현재의 인문학을 다시 사회로 연결하는 열쇠가 될 것이다.

문화적 동질성 가진 동아시아 도시와
교류해 지방소멸 극복하자*

권응상
대구대학교 문화예술학부 교수

- 경주 · 시안 · 교토 도시 정체성
- 오랜 교류로 전통 · 개성 가져
- 시민 주도로 지역 재인식해야

* https://www.yeongnam.com/web/view.php?key=20230430010003815

수도권 집중과 지방 소멸이 큰 화두다. 수도권 사람들은 별 관심이 없고, 정치인들은 필요할 때만 적당히 레토릭을 쓴다. 갈라치기가 유행인가 보다. 수도권 집중은 수도권 사람들 문제이고, 지방 소멸은 지방 사람들 몫이 되어버렸다. 그러니 아무도 믿지 말고 우리가 우리 지역을 이야기할 수밖에 없다. 혁신도시부터 국가공단까지, 정부가 지자체가 정치인이 시도한 무수한 지방 살리기는 모두 실패했음을 인정하자. 지방 소멸에 가속도만 붙었다. '지방에 살아보니 못 살겠더라'라는 경험사례만 더 보탰다. 가시적 성과나 즉시적 효과에만 초점을 맞춘 정치적 계획, 물리적 지원의 한계라고 생각한다.

지역의 시민이 주체가 아니라, 대상화되었기 때문이라고 진단한다. '도시혁명'까지는 아니더라도 시민이 주도하는 우리 지역 살리기 '운동'이 필요하다. 우선 문화적 동질성을 가진 동아시아의 도시들과 접속해보자. 그리고 상호의 고민과 관심사를 공유하는 시민을 연결하자. 이러한 과정 자체가 지역을 재발견하고 지역민의 마음을 재정립하는 에너지가 될 것이다. 메가시티의 물리적 질량에 맞서 동아시아 도시의 문화적 정신과 이야기를 연결하고 재구성해 보자는 것이다. 효과나 성과에 연연할 필요 없이 생각하는 대로, 내키는 대로 접속하고 연결해 보자는 것이다. '리좀'식으로 말이다.

그 속에서 우리 지역의 정체성을 새롭게 인식하게 될 것이고, 자랑스러워하게 될 것이다. 그러다 보면 이곳에 살고 싶어질지도, 나아가 살기를 권하고 싶어질지도 모를 일이다. 이러한 우리의 접속과 연결은 효과나 성과 같은 수량 단어나, 실패와 성공 같은 포폄(褒貶) 단어

경주 남산 칠불암 마애불상군 <영남일보 DB>

로 형용할 필요가 없다. '접속과 연결' 자체가 우리 스스로 펄럭이는 작은 날갯짓이고, 또 그 자체가 우리 삶의 과정이기 때문이다. 국가에, 자본에, 권력에 매몰되지 않는 소소한 문화적 삶이야말로 '서울의 삶'이 흉내 낼 수 없는 우리의 삶일 수 있다고 생각한다.

　이것이 지금 우리가 동아시아 도시에 주목하는 이유이다. 세계적으로 천년 수도는 다섯 곳에 불과하다고 한다. 유럽의 로마와 이스탄불, 동아시아의 시안과 교토, 그리고 우리 지역의 경주이다. 동아시아의 천년 고도 경주, 시안, 교토는 이처럼 한·중·일 삼국의 역사와 문화를 대변하는 도시이다.

경주는 기원전 57년 박혁거세를 시작으로 935년 경순왕까지 992년 간 이어진 신라의 수도였다. 시안은 서주(西周)부터 당(唐)나라 시기 까지 1천100년간 13개 왕조의 수도였다. 교토 역시 헤이안 시대부터 도쿄 천도까지 1천75년 동안 일본의 수도였다. 세 도시는 역사와 전통을 고스란히 간직하고 있으며, 도시 전체가 유적지이다. 동아시아 적 동질성에다 나름의 개성과 특징을 가진 세 도시의 정체성은 오랜 역사와 문화의 상호 교류로써 형성되었다.

세 도시의 현재 모습은 비슷하면서도 다르다. 비슷한 면은 오랜 교류와 영향에서 비롯되었고, 다른 것은 도시 발전과 근대화 과정에 서의 서로 다른 방향 때문일 것이다. 그래서 세 도시를 대하는 우리의 느낌은 친밀하면서도 신선하고, 익숙하면서도 낯설다. 자세히 들여다보면 꼭 어릴 때 친구를 다시 만난 것 같기도 하다. 지난 추억도 함께 나누고 싶고 살아온 과정이 궁금하기도 하다.

철들 무렵부터 세 친구는 서로가 서로를 키웠다. 세 친구가 가장 친했던 시기, 즉 전성기만 보아도 추억거리가 많다. 아명이 서라벌, 장안(長安), 헤이안쿄(平安京)이다. 장안성을 모델로 한 계획도시인 것도 공통점이다. 서라벌의 아버지는 삼국을 통일하고 찬란한 황금 문화를 꽃피운 신라였다. 장안의 아버지는 11명이나 되지만 그 가운 데 당나라가 제일이었다. 장안성은 인구 100만이 넘는 세계 최고의 국제도시였다. 이리저리 떠돌다가 자기 집을 가진 것처럼 헤이안쿄 시대부터 일본 고유의 고쿠후(國風) 문화가 생겨나기 시작했다. 이 시기에 여왕의 추억도 공유한다. 서라벌에는 선덕여왕, 장안에는 측천무후, 헤이안쿄에는 스이코여왕이 최고 통치자의 자리에 있었다. 이들은 동아시아적 편견을 무너뜨린 의미 있는 여성 지도자들이었다.

　세 도시를 오고간 수많은 사람, 그들이 실어 나른 수많은 생각과 솜씨들이 역사와 문화, 유적으로 남았다. 이 세 도시를 관통하는 공동의 문화콘텐츠를 바탕으로 '동아시아 천년고도' 문화거리나 테마파크 같은 것을 조성해보면 좋겠다. 경주의 황리단길, 시안의 대당불야성 거리, 교토의 기온 거리에 세 도시의 영화를 재연하고 연결하는 문화 표지판을 만드는 것은 어떨까. 황룡사 9층 목탑, 자은사 대안탑, 도지 5층 목탑을 한곳에 모아 이야기를 연결하면 멋지지 않을까. 선덕여왕, 측천무후, 스이코여왕을 접속하여 동아시아 여성 지도자를 톺아보면 서양 사람들도 깜짝 놀라지 않을까. 생각이 많아진다. 그리고 설렌다.

제1장
사진으로 만나는 동남아시아 민속문화

김상수*

바자우 혹은 사마 바자우로 불리는 표해민(漂海民)이 있다. 이들은 지금도 여전히 보르네오 섬에 속하는 동말레이시아 주변과 술루 해를 비롯해, 필리핀 여러 섬과 순다열도, 미얀마 남부 섬 등등에 흩어져 살고 있는 것으로 알려져 있다. 반면, '육지 바자우'로 불리는 이들도 있다. 이미 200여 년 전부터 동말레이시아 키나발루 농촌과 산간 지역 중심의 코타발루(Kota Belud)며 코타키나발루 등에 정착한 바자우족이다. 이런 '육지바자우'들은 말과 물소 등 가축을 점차 능숙하게 다루면서 현재는 카우보이라는 별명으로 불린다.

지난 2004년 온 세계를 놀라게 할 정도의 대규모 지진해일이 일어났을 때는 이를 미리 예견해 맹그로브 숲으로 대피해 피해가 없었다는 것으로 유명해진 태국 주변바다의 표해민인 모켄족(Moken, 차오레)들도 사마 바자우들과 같은 갈래일 것이라 주장하는 인류학자도

전형적인 레파에서 다가서는 필자를
경계하는 눈초리로 건너다보는 바자우 아낙네

있다. 흘러든 바다가 태국 안다만 주변일 뿐이라는 것이다.

한편, 말레이시아는 남중국해를 사이에 두고 말레이반도 남부에 위치한 서말레이시아와 보루네오 섬 북부의 동말레이시아로 나뉜다. 13개 주와 3개의 연방 자치령으로 구성된 연방 국가이기도 한 말레이시아는 말레이반도에 11개 주와 2개 연방자치령(쿠알라룸푸르와 푸트라 자야)이, 동말레이시아에는 사바 주, 사라왁주 등 2개의 주와 한 개의 연방 자치령(라부안)을 두고 있다.

2013년 취재당시 사바주의 주지사는 무사 아만(Datuk Seri Panglima Haji Musa bin Haji Aman)이었다.

동말레이시아 사바 주와 사라왁 주에는 본토(말레이반도)와는 분리된 '별도의 이민국'이 존재하는 것으로 알려져 있다. 별난 일은 같

이웃끼리 조개잡이를 떠나는 정착 바자우족들

은 국적의 말레이시아 사람이라도 사바 주와 사라왁 주에 들어오기 위해서는 별도의 허가가 필요하다는 것이다. 다소 뜬금없이 들리긴 하지만, 이들이 지니고 들어가는 여권에 무비자 90일로 표기된다는 것이다.

이민국을 설치한 이유는 본토인(말레이인)의 영향력이 커질 것을 우려하여 입국 제한조치를 취하는 것이라 했다. 우리나라 사람들이 여행지로 많이 찾는 코타키나발루가 속한 사바 주는 사라왁 주에 비해 그나마 입국제한 등 절차가 다소 느슨한 편이란다. 한편, 본토에서 무비자를 받은 외국인이라도 사바에서 문제없이 체류할 수 있다니 여행자의 입장에서는 다행이랄까.

말레이시아 여행 중 주의할 것은 말레이시아 국가보안법(ISA)은 내외국인 모두에게 살벌할 정도로 엄격하다는 것이다. 헌법에 정한

민감한 문제를 제기하면 내란죄를 적용한다는 것이다. 민감한 내용이란, 술탄의 권위와 지위, 이슬람에 대한 내용 등이라 했다.

이번 이야기의 중심무대인 사바주 동부인 셈포르나를 가기 위해서는 먼저 여객기를 이용해 타와우까지 이동해야 한다.

국내선 여객기는 서말레이반도의 쿠알라룸푸르나 보르네오 섬에 위치한 동말레이시아 사바 주 코타키나발루 공항에서 출발한다. 코타키나발루에서 머물던 나는 아침 8시에 에어아시아 여객기로 타와우까지 이동했다. 비행시간은 대략 한 시간 정도다.

사바 주의 동부 소도시인 이 타와우의 공항에서 목적지인 셈포르나(Semporna)까지는 SUV 차량으로 갈아탄 뒤에 한 시간 안팎을 더 가야하는 거리다. 그러나, 자가용 SUV로 택시영업을 하는 운전사의 이 말과는 달리 시간이 두 시간 가깝게 지체되는 상황이었다.

도로 곳곳에는 임시검문소가 세워져 있고, 전쟁영화에서나 보던 전투복면(balaclava)에 선글라스까지 착용한 말레이시아 특수부대원들이 오가는 차량을 세우고 기습검문을 하고 있었던 까닭이다.

도로 중앙, 가로대에 꽂혀있는 여러 당의 깃발.
말레이시아에는 40여개의 정당이 존재한다

2013년의 정치적 상황

평소에 내가 생각하는 말레이시아는 전쟁과는 다소 거리가 먼, 나름 평화스러운 나라로만 알고 있었기에 여간 당황스러운 게 아니었다. 2004년 이후 지원제에서 징병제로 바뀌기는 했으나 남자나이 18세가 되면 훈련기간을 포함해 6개월간의 병영생활(여성 징병은 2010년부터 끝났다)만으로 병역의무가 끝난다 했던 나라였기 때문이다.

검문을 하는 산만한 덩치의 군인들에게서 느껴지는 포스는 이런 단기사병이 낼 수 있는 게 아니었다. 바라클라바 틈으로 보이는 눈빛부터 살벌했다. 부사관 등 오랜 기간 동안 훈련된 직업군인이 분명하고, 비정규전 중이니 특수부대원일 것이라는 추측이 가능했다.

헬기 로터소리까지 가깝게 들리면서 긴장감이 고조되는 중인데, 차

안의 짐부터 살펴본 뒤에 나를 향하는 특수부대원의 선글라스와 마주치는 순간 카메라를 향해가던 손이 그대로 멈췄다. 말레이시아에서는 좀체 보기 어려운 장면이니 '찍어볼까' 했던 마음이 순식간에 사라진 것이다.

특수부대원들은 각 차량의 트렁크 속 짐까지 샅샅이 살펴보고 나서야 운전사에게 통과하라는 손짓을 보냈다.

물론 이런 상황은 알고 출발했었다. 총선거를 두 달여 앞둔 2월 중순, 셈포르나 옆 동네 라하드다투(Lahad Datu)에 침입한 일단의 필리핀 모로 무슬림(모로 이슬람 해방 전선) 무장 세력과 말레이시아 군경 사이에 크고 작은 전투가 벌어져 양측에서 이미 수십 명의 전사자까지 속출하고 있다는 왠지 생뚱맞은 상황이었던 거다.

물론, 셈포르나 앞 섬 시파단을 비롯해 리기탄 섬 등에 영유권을 주장했던 나라도 있으니, 인도네시아다. 지난 2002년 국제사법제판소가 이들 섬에 대해 말레이시아 사바 주 소유라고 판결하기도 했다. 뭍이던지 바다든지 이웃하고 있는 국가 간의 충돌은 불가피한 모양이다.

한편, 모로 무슬림은 이미 오래전에 사라진 술루 술탄국(Sultanate of Sulu)을 지지한다는 무장 세력으로 필리핀 민다나오와 술루 섬에 근거지를 두고 있다고 했다. 술루 술탄국은 1405년부터 1915년까지 필리핀 술루 해를 중심으로 필리핀, 말레이시아, 인도네시아 등 3개국에 걸쳐 존재했던 국가라던가.

2월 중순에 라하드다투 지역에 전격 침입한 모로 무슬림 측에서

'사바 주는 예전 술루 술탄국의 영토'라 주장하며 무장준동 중이라는 말레이시發 보도와 현지에서 여행사를 하는 정보통이 파악해 미리 알려준 터였다.

그러나 어쩔 도리가 없다고 생각했다. 이미 항공권과 숙소 예약, 국내 일정조정까진 마친 상태였으니. 게다가, 당초 발표된 축제에 맞춘 취재 일정까지 변경되었다. 레가타 레파 행사 주최 측이 연초에 홈페이지 올렸던 일정을 슬그머니 한 주일 뒤로 늦춰버린 것이다.

모로 무슬림과의 분쟁 때문이었겠지만, 문제는 축제일정 변경에서 비롯된 추가비용과 귀국 후 스케줄이다. 에어아시아 사전예약의 저가 항공료를 노렸건만 웬걸 항공일정 변경 요금까지 추가로 덤터기 써야 했다.

안전한 국가 운운은 내 무지에서 비롯된 것이다. 우리 외무부 홈페이지에서는 색깔별로 여행구역을 분류해 놓고 있다. 빨간색은 긴급용무가 아닌 한 철수, 여행취소 등을 권고하고 있다. 훗날 살펴보니 필리핀 도서 지역과 인접한 셈포르나와 라하드다투, 타와우 등 사바 주 해안 일부지역도 이에 해당되어 있었기 때문이다.

셈포르나가 가까워지자 도대체 정신이 없었다. 도로와 뒷골목 낡은 건물들이며 구멍가게까지 곳곳에 무질서하게 내걸린 다양한 깃발 탓에 시야가 어지러울 정도였다.

5월에 치르는 말레이시아 총선을 앞두고 각 정당에서 선거유세용으로 내건 홍보깃발이었던 것이다. 그중에도 유난히 많은 게 청색 바탕에 평형을 유지한 상태로의 저울을 그려 넣은 깃발이었다. 당시

56년 동안 장기집권하고 있는 여당 '국민전선(Barisan Nasional-약칭 BN)'의 깃발이라 했다.

외국인들 사이에서는 '저울당'이라 불린다는 이 홍보깃발은 취재 여행 기간 동안 셈포르나 큰길 골목길에서부터 바자우족 레파는 물론, 수상가옥 등등 가는 곳마다 뜬금없이 나부끼면서 왕년의 우리네 '고무신 선거, 막걸리 선거'를 떠올리게 했다.

겉보기에 궁촌(窮村)이다 싶을수록 지붕과 창문에 더 많은 깃발이 꽂혀있었기에 그랬다. 덥고 귀찮은데 사람들이 뭐 자발적으로 나서서 걸었겠는가? 게다가 선거권도 없는 정착 바자우들의 수상가옥이나 옹색한 레파 지붕 위에 까지 굳이 깃발을 꽂아놓게 하는 심보는 뭘까?

현지에서 듣기로는 나이 든 말레이계 보수파는 굳세게 BN당을, 화교와 인도 출신, 젊은 층들은 'Ini Kalilah!(이제 때가 왔다)'는 슬로건 아래 정권교체를 모색, 야당을 적극 지지하고 나섰다 했다. 그럼에도 '결국 BN당이 선거에서 승리해 토털 집권역사 60년을 예약'했다는 메일이 현지에서 여행사를 운영하는 지인으로부터 온 것은 귀국 뒤인 5월 초순이었다.

지난 2018년 말레이시아 총선에서 야권연합인 희망연대(Pakatan Harapan)가 승리, 61년을 집권했던 국민전선-BN이 밀려났고, 2022년 11월 총선에서는 40여개의 정당 중에서 희망연대가 82석 국민전선-BN당은 30석으로 참패하면서 3위에 그쳤다는 얘기다.

어찌하였든지 이듬해인 2014년 다시 찾아간 셈포르나에서는 이 저

울당 깃발이 구멍가게와 일부 바자우 수상가옥의 햇볕가리개로 쓰이고 있었으니 나름 쓰임새가 있기는 했다.

이상한 점은 총격이 일어나고 있다는 보도에도 불구하고 셈포르나에 사는 말레이시아 사람들에게서는 모로 무슬림으로 인한 긴장감을 느낄 수 없었다는 것이다. 하여 한 시절 우리나라에서도 설왕설래했던 선거용 북풍처럼 모로 무슬림 무장 세력과 집권당 사이에 선거용 뒷거래로 행해진 무장준동이 아닐까 하는 의구심도 들었다.

이슬람 모스크와 메카

쿠알라룸푸르 등 금주가 엄격한 西말레이시아 본토에 비해 보르네오에 들어있는 東말레이시아 사바 주, 특히 코타키나발루는 무슬림 특유의 금주(禁酒) 정책으로부터 어느 정도는 자유롭다고 여겨진다.

그럼에도 코타키나발루 등 사바 주 역시 말레이시아이고 말레이시아는 일반 경찰과는 별도의 무슬림 종교경찰이 여전히 활동하고 야자나무로 엉덩이를 때리는 태형이 현존하는 나라이기도 하다. 무슬림 국가가 아니더라도 여행 대상 국가에서 굳이 하지 말라는 것은 하지 않는 게 당연하다.

말레이시아에서 도시는 물론, 수상가옥이나 소도시 어촌이라 하더라도 가장 눈에 띄는 곳은 이슬람 모스크인 듯하다. 화려하고도 둥근 돔 형태의 지붕보다 먼저 눈에 띄는 것은 미나렛이라 불리는 첨탑이다.

셈포르나도 마찬가지이다.

첫 방문 후 새단장한 셈포르나의 이슬람 모스크

이슬람국가답게 제법 높은 미나렛에 오른 무엣진(muezzin)에 의해
새벽 다섯 시를 시작으로 기도 시간을 알리는 낯선 아잔-Adhan 외침
이 하루 다섯 번씩 울려 나오고는 했다. 이런 미나렛에는 아잔 소리의
확산을 위해 확성기가 달려있다.

내가 머물던 게스트하우스에서는 아잔소리에 눈을 뜨면 천장의 화
살표가 다가설 듯 보이면서 이역의 낯선 새벽을 맞이하게 했다. 메카
방향을 알리는 화살표였다. 샤워를 하고 머리카락을 말리기 위해 드
라이어가 보관된 책상서랍을 열었더니 그 안에도 메카방향 화살표가
붙어있었다.

셈포르나는 사바 주 한쪽 끝에 들어서 있는 외진 어촌이지만, 수중
환경이 뛰어난 해양관광지이기도 하다.

관광객 대부분은 청정해역에서의 스쿠버다이버를 꿈꾸며 찾아온 외국인들이다. 셈포르나 앞 바다엔 시파단 섬 등 세계 스쿠버다이버들로부터 '수중성지'로 불리는, 시야 쨍쨍한 바다가 있기 때문인데, 소도시인 셈포르나는 이들에게 시파단 섬을 들고나기 위한 중간 기착지일 뿐이다.

상황이 상황인지라, 2013년 셈포르나에서는 그들 말로 '오랑 뿌띠(orang puthi-백인)'라 불리는 서양인들을 보기 어려웠다. 말레이시아 국민들보다 오히려 외국인들이 분쟁상황에 민감한 까닭이었을까?

당연하지만, 축제를 앞둔 시장 중앙 통이 특히 번잡했다.

길이 막히든 말든 몰려든 인파는 느긋하게 축제 전야를 즐기는 중이었다. 동대문시장에서 흔히 보는 손발 구르며 손님들의 시선을 끄는 좌판상인의 몸짓에 양산을 펼쳐든 아낙네들이 걸음을 멈춰선 채 일삼아 보면서 시장길 정체가 빚어지는가 하면 중국산이 대부분인 만물상도 축제 판에 몰려든 사람들의 눈길을 끌었다.

셈포르나의 객주 역시 중국화교들이다. 제법 큼직한 마켓도, 구멍가게 주인도 화교고, 생선도매상이나 해조류 수입상 중에도 화교가 대부분이라 했다.

이들에게는 셈포르나는 선본군(仙本郡)이 되기도 한다. 곳곳에 한자로 선본군이라 표현한 상점 등 간판이 드물지 않다.

포구로 갔다. 막상 포구와 붙다시피 한 수상가옥 촌으로 가기 위해 나무통로를 걸어가면서 좌우를 눈여겨보니 더 이상 풍경으로만 보이지 않았다. 온갖 생활쓰레기가 들어찬 해안과 들쭉날쭉한 수상가옥들

위로 솟아오른 모스크는 뭔가 아귀가 맞지 않는 듯 했다 할까.

포구의 아침, 땅멀미와 군중멀미

바자우들은 이른 아침이면, 자신들의 레파에 싣고 온 다양한 건어물 등 온갖 수산물을 상가 앞에 올리고, 자신들의 주식인 쌀과 사고 녹말 등 먹을거리와 생필품, 아이들 주전부리를 대신 싣고 서둘러 떠난다.

바다를 유랑(流浪)하며 살아가는 표해민(漂海民)들에게 있어서 땅은 그리 익숙지 않은 자연일 수밖에 없을 터이다. 하여 땅멀미를 하고, 몰려든 사람들로 하여 군중(群衆)멀미를 한다던가. 뿐만 아니라, 뭍에 발을 딛는 순간 불법입국자로 체포될 수도 되는 상황이니, 바자우들에게 있어 뭍이란 오래 머물기에는 이만저만 불편한 공간이 아니다.

곧 셈포르나에서 열릴 축제, 레가타 레파를 앞두고 있어서인지 평상시와 달리 포구에 제복들에 의한 바자우 잡도리가 잠시 멈춘 듯하다는 게 건어물상인의 귀띔이다.

바다포도라 불리는 바닷말을 채취해 온 바자우족 청년이 있는가 하면 주로 패류가 거래되는 한쪽 해안에서는 뿔이 유난히 길어서 특이하게 생긴 소라와 고둥류가 거래되고 있었다. 거래를 마친 소라 등은 그 자리에서 바로 해체되어 시장 어물전으로 실려 가기도 한다.

여러 날 동안 잡아 말렸을 가오리를 레파 앞에 그득 싣고 온 바자

다민족 사회, 옷 좌판의 무슬림 상인 부녀

우 할머니(아주머니일 수도 있다)가 지친 표정으로 뱃머리에 앉아 있다가 촬영을 준비하려던 나와 눈이 마주쳤다. 순간 그 할머니의 눈길은 이내 2리터짜리 물통을 든 내 손으로 옮겨갔다.

반쯤은 냉동된 얼음물이었다. 더위 탓에 갈증이 이는가 싶어서 즉흥적으로 내려주었다. 나를 잠시 올려보던 할머니는 두 손을 마주하며 고맙다는 듯 고개를 끄덕였다. 할머니는 곧바로 돌아서려는 내게 가오리 두 마리를 올려주려 했다. 순간적으로 잠시 고민을 했다. 어째야 하나... 결국 받아들고 가오리 값이라 여기며 10링깃(3000원 정도)을 건넸다. 그런데 다시 두 마리를 더 얹어주려 하는 할머니. 손사래로 마다하고 얼른 그 자리를 벗어났다.

배에서 말린 가오리에서는 콤콤한 냄새가 솔솔 풍긴다. 슬쩍 눌러 보니 꾸덕꾸덕하니 먹기 좋다. 그대로 먹기에는 뭣해서 자주 가던 식당에 부탁해 숯불에 한 마리를 구워놓고 맥주 안주로 삼으니 더없이 좋았다. 너덧 마리라도 더 사올 걸 하는 아쉬움이 남을 정도였다.

바자우족이 잡아낸 해삼만 전문적으로 모아 파는 수집상도 활발하게 거래 중이었다. 역시 화교상인이다. 열대의 바다답게 알록달록 다양한 컬러의 어류가 부려지기도 한다. 하루 만에 잡아온 게 아니라 여러 날 동안 잡아 수상가옥 맨 아래 칸 사방에 그물을 둘러쳐 만들어놓은 축양장 안에 산 채로 풀어놓았던 것이리라.

싱싱한 이 생선들은 시장 어물전에서 불티나게 팔려나가고 있었다.

거래가 끝난 바자우족 가족은 다소 가벼워진 레파를 몰아 자신들이 있어야할 곳이라 여기는 바다로 되돌아간다. 그 뒷모습을 보며 만족한 거래가 되었으면 좋겠다는 생각이 들었다.

포구 한쪽 구석에서는 바자우 어린아이들의 딱지놀이가 벌어졌다. '자연 갈색 유전자' 탓도 있다지만, 햇볕에 많이 노출되는 아이들의 머리카락은 바자우 어른들처럼 연한 갈색 혹은 금발로 탈색하고 변색되어 있었다.

이런 바자우 아이들이 좋아할만한 과자며 빵 같은 군것질거리를 파는 구멍가게가 포구에서 가장 화려해 보였다. 원색의 염료가 들어간 수제과자와 컬러풀한 포장지 때문이다.

카메라를 보고 환히 웃으며 레파를 몰아가는 바자우족 청년.
이 레파가 전 재산일 터다

집이자 이동수단이자 어구이기도 한
바자우족의 전통 배, 레파

본래 레파(Lepa)란 돛 한 개를 동력으로 삼는 배를 말한다 했다.

레파는 뭍이나 바다 위에 세운 수상가옥에 정착하는 대신 여전히 이 바다 저 바다를 떠도는 일부 바다집시들에게는 바닷살이의 중심이 되는 어로도구요, 이동수단이자 숙식까지 해결하는 집이 되어주기도 한다.

바자우 출신의 선장이 모는 보트를 5시간 동안 빌려 타고 여러 섬을 거쳤다. 그리 오가다가 마주친 바자우의 레파들은 저래도 되나 싶을 정도로 허술해 보였다.

선체 길이는 길어야 5-7미터 정도, 좌·우현 흘수(吃水)가 낮아 파도가 치면 바닷물이 쉽게 배 안에 넘쳐들게 뻔하지 않은가. 그러니 웬만하면 맹그로브 나무 무성한 섬 가까운 바다 근처에 있는 것이겠다.

지붕에는 그물 등 어구가 실려 있고, 이곳저곳을 연결한 밧줄에는 알록달록 빨래를 널어 말리는 레파도 있었다. 펼친 돛대가 보이지 않는 것으로 미루어 오로지 가장의 근력만으로 노와 상앗대를 이용해 배를 몰아가는 듯하다.

뜨거운 햇볕과 그로 인한 무더위로부터 피하기 위한 장치는 좌·우현에 둘러막은 판자가 전부랄까. 밥을 짓기 위한 간단한 화덕과 어느 만큼의 장작, 한밤중 조업을 위한 등불이며 얇은 이불 같은 살림살이도 얼핏 보였다.

렌즈를 통해 한 소녀가 배를 손보는 아버지의 어깨너머로 슬그머니 손을 내미는 모습이 보였다. 절실한 대신 쑥스러운 표정으로 동정을 구하는 몸짓이 은연중에 배어버린 것 같아 다소 씁쓸했었다. 본래 바자우 언어에는 '무엇을 원한다'는 말 자체가 없다고 들었기 때문이다.

시파단(Sipadan)섬과 마블(Mabul)섬에서 이들과 마주친 외국인 스쿠버다이버들의 섣부른 동정 탓도 있지 않을까 생각했다. 뒤에 찾아간 정착 바자우촌 아이들 역시 이런 손짓을 하곤 했다.

한편, 이런 레파에서도 새 생명은 태어나고 가족과 세상을 등지기도 한다. 영주권이 없는 바자우가 바다 위에서 아프면 이들은 병원을 찾는 대신 전래신앙과 이슬람이 혼합된 주술사를 찾아가야 한단다.

레파마다 울려 퍼지는 캐농과 공의 단순한 장단

선상생활을 하든지 뭍에 정착한 바자우 라우들이든지 배를 아끼는 마음은 이들의 유전자 속에 오롯이 담겨있는 듯하다. 당연한 얘기지만, 배 뭇는 이의 솜씨와 재료에 따라 다양한 모양새로 지어진다는 레파는 대부분 3-4톤이 될까 말까한 목선(木船)이다.

밖엣 사람들의 눈으로 보기에는 추레하달 수밖에 없는 모양새의 이 레파를 화려하게 치장하는 때도 있으니, 바자우들이 주인공인 해상축제 레가타 레파가 열리는 며칠간이다.

우리가 집을 꾸미듯이 바자우들은 자신들의 레파 이물과 고물에 조각을 하거나, 선체에 색칠을 하고 알록달록한 지붕을 덮는 경우도 종종 있었다. 본격적인 레가타 레파 전날이면, 다양한 천(태피스트리 Tapestry)을 바느질로 이어 붙인 역삼각형 모양새의 화려한 돛을 세우는 일로 갈무리를 했다.

축제 전, 이렇게 치장한 레파 수십 척을 몰아 셈포르나 포구로 모여드는 모습이 여행자의 입장에서는 장관이랄까.

레파를 꾸며 직접 참여하지는 않더라도, 또 주최 측이 누구이든지 동족들 중에서 레파 꾸밈새를 견주기도 하고 미인을 가려 뽑는 자신들이 주인공인 축제니 대부분의 바자우들이 축제장으로 찾아오는 것이다.

한 해 동안 술루해 여러 섬과 바다에 흩어져 살던 바자우들 간에 서로의 무사 안녕을 직접 확인 할 수 있는 기회도 되어주기에 너나없이 건너오는 것이겠다.

바자우 아낙네 전통악기 캐농 연주. 장단이 단조롭다

　작은 배 안에 그득 들어찬 채 포구로 다가서는 바자우들은 나름 옷매무시나 꾸밈새에도 신경 쓴 모습이 역력하다.

　이 기간 동안 레파는 셈포르나 연안에 좌 우현을 맞대고 정박해 있거나 때로는 제티 선착장 주변에 닻을 내리기도 한다.

　이렇게 모여든 레파는 생활형 레파와 '행사용'이지 싶은 레파로 나누어 진달까. 행사용 레파는 크기 등 규모부터 생활용과 차이가 난다. 뱃머리와 꼬리 부분을 높이고 화려한 목(木)조각으로 치장했기 때문에 한 눈에 알 수 있다. 혼자 힘으로 뭇기는 어려울 것이고, 씨족들끼리 혹은 마을에서 울력으로 무엇을 것으로 짐작되는 레파이다.

　물론 바자우 가족이 승선해 있고, 선외 모터도 달려있으나 그 화려한 배를 타고 수상생활 하기에는 여러모로 버거워 보였기에 그렇기도 하다. 평상시엔 자신들이 정착한 섬이나 해안에 올려놓고 보관하다가 레가타 레파 때에만 바다 위에 띄우는 것이 아닐까 싶었다.

반면, 생활형 레파는 우선 낡았다. 돛과 깃발 등 곳곳에 나름 치장하느라 애를 썼을 것임에도 바다 위에서의 생활 흔적이 여실히 묻어난다. 그런 생활형 레파에서 투스텝으로 단조롭게 반복되는 악기 소리가 연신 흘러나오고는 한다.

긴 나무판 위, 꽹과리 가운데에 참외 배꼽처럼 볼록하니 덧붙여놓은 모양새의 타악기 여러 개가 올라앉은 캐농(kenong)소리이다. 간간이 '공(gong)' 소리도 울리는데 이건 우리 징과 비슷하게 생겼고, 소리까지 흡사하다.

'뚱땅 뚱땅' '强弱强弱(강약강약)' 단조롭게 반복되는 소리를 따라가보니 캐농을 치는 주인공은 뜻밖에도 바자우 할머니였다. 뱃머리를 붙인 세 척의 레파에서 각기 다른 소리를 내는 악기로 합주라도 하는지 서로 쳐다보며 진지하게 장단을 맞추고 있었던 거다.

한참을 서서 들어봐도 음의 고저(高低)만 있을 뿐 장단(長短)의 변화가 없어서 지루할 정도였다. 그 옆 외따로 정박한 레파에서는 혼자서 북을 두드리던 소녀가 눈이 마주치자, 카메라 렌즈를 향해 포즈를 취해준다. 양 손가락으로 브이 자까지 해 보이며 밝게 웃는 모습이 귀여운데, 머리에 무슬림임을 나타내는 검은색 '뚜둥(Tudung)'을 쓰고 있었다. 뚜둥은 히잡의 말레이어 표현이다.

줄지어 포구를 향해오는 레파들의 화려한 항진 원경

포구로 몰려드는 아름다운 레파 행렬

레가타 레파가 열리는 날 아침, 저 멀리 잔뜩 치장한 레파가 수평선을 차지하고 있다가 곧 일렬종대로 포구를 향해 몰려오기 시작한다. 그 속도가 제법 빠른데, 각 레파에서 노를 젓거나 바람의 힘으로 부풀어 오른 돛의 동력이 아니다. 여러 개의 모터를 앉혀 추진력이 좋아진 보트가 밧줄로 레파를 연결해 앞에서 이끌어주고 있었던 것이다.

한편, 치장하느라 애쓴 바자우들보다는 이를 건너다보는 관광객 등 밖엣 사람들의 눈이 즐거운 것은 당연한 일이다.

말레이시아 정부에서는 일찍이 이리 별나고 화려한 모양새로 뭇사람들의 시선을 끄는 바자우 전통어선 레파를 자신들의 관광자원이자 문화유산으로 편입시켰다. 필자가 방문했던 지난 2013년이 스물여섯 번째 축제가 열리는 해였다.

해마다 아름답게 꾸민 배를 몇 척 선정해 소유자인 바자우족 마을에 상품과 상금을 주면서 장려해오고 있다는 것이다. 그런데, 레파를 몰아온 바자우들은 딱히 그 상금을 염두에 두지는 않는 듯 느껴졌다. 이들에게는 관광이벤트라기보다 자신들만의 전통 행사에 참여한 것이니 그런 것 아닐까 하는 생각이 들었다.

배만 꾸미는 게 아니다. 배에 승선한 바자우 가족들도 각자 전통의상과 장신구 등으로 치장하고 동승한 악사가 내는 장단에 맞춰 늘어지는 동작이나마 온몸으로 춤사위를 보여준다.

바자우들이 키우는 우뭇가사리는 아갈-아갈(Agar-Agar)이라 부르는데, 춤 이름은 이갈-이갈(Igal-Igal Dance)이라 했다. 바자우 전통무용이라 할 이갈-이갈 춤은 물속에서 하늘대는 바닷말 아갈-아갈과 해마, 어린 물고기는 물론, 수면에 잔물결이 이는 모습과 인어가 유영하는 상상 속 모습 등을 본 딴 춤이라 했다. 이 전통 춤사위와 무희의 복장이며 미모까지 레파퀸의 심사 항목에 들어가 있다는 것이다.

폭염 속에서도 갑옷인 양 두꺼운 천으로 만든 전통 복장을 갖춰 입고 짙은 화장을 한 바자우 여인네들의 손가락 끝에는 얇은 금속손톱까지 덧씌워져 있다. 청나라 서태후 등 중국 귀족 여인들이 손톱 보호를 위해 착용하던, 사치의 극치라는 호갑투며, 태국의 전통 춤 휜렙을 추는 무희들의 손 장식에 비하면 소박하달까.

여담이지만, 행사가 열리는 포구의 조감 촬영을 위해 바로 뒤에 위치한 호텔 옥상으로 올라가려다가 경호원과 특수부대원의 제지를 받았다. 주지사부부 등 요인경호를 위해 사바 주에서 호텔 전체를 예약한 까닭에 자국인 포함 모든 일반인이 입장불가라는 것이다. 우리나라 기자증을 보여주며 하소연했는데도 강력하게 제지하면서 큰 길까지 물러나라고 엄포를 한다. 우리 식으로 말하자면 무장공비 침투라는 비상시국 아니겠는가.

맥이 빠져 길 옆 응달에서 담배를 태우며 있는데, RTM방송국표시를 단 승합차에서 촬영 팀이 우르르 내린다. RTM의 풀 네임은 Radio Televisyen Malaysia로 말레이시아 국영방송국이다. 순간적으로 저 팀에 끼면 되겠다는 생각이 들었다. 대본을 들고 있음에 PD로 보이는 사람에게 다가가 손짓발짓까지 더해 사정 설명을 했다. 일행처럼 함께 가게 해달라는. 의외로 쉽게 OK를 했고, 위장을 위해 다리 하나를 달라 해서 짐을 거들었다. 내게는 엄포를 놓던 경호원이나 특수부대원들까지 이들 팀에는 눈길 한 번 주지 않는다.

무사통과, 오픈된 3층 수영장으로 입장하다 멈칫했다. 그 더운데 위장용 길리슈트까지 뒤집어쓴 저격 팀이 세 팀이나 엎드려 있고, 행사장 앞 바다를 향해 경기관총까지 거치되어 있었기 때문이다. 방송 팀은 아무렇지도 않은 듯 삼각대를 뻗치고 ENG카메라를 올리더니 촬영을 시작했다. 특수부대원들 역시 이들을 본체만체 자신들의 임무에만 몰두했다. 그 틈에 낀 나는 눈치를 보며 긴장한 채로 서둘러 촬영을 했다. 바다와 하늘에서는 예의 해군특수부대원들을 중심으로 해상과 공중경계가 이어지고 있었으니 선거용 연출 같기도 하고 아닌 듯도 하고 애매했다.

한밤의 세레모니 Ratu Lepa pageant

　몰려든 인파는 해지기만을 기다렸다는 듯 미리 마련된 특설 공연장으로 몰려간다. 우리네 공설운동장 쯤 되는 공터이다.

　가뜩이나 비상시국인데다가 연방작위를 받은 사바 주 주지사(TUN DASTUR) 부인은 물론, 왕족 일가도 대거 참여하니 경호원과 군경들의 경비가 한층 더 삼엄해진 것이다. 나는 경호원을 향해 눈에 힘을 준 다음 대형 망원렌즈를 앞세우고 당당히 경호선 안으로 들어섰다. 힐끗 보더니 더 이상 제지가 없어 싱겁기까지 했다.

　가까이서 보는 바자우족의 단체무용은 음전하면서도 우아한 손동작이 특히 빛났다. 어깨에서 팔꿈치, 팔목에서 손가락 끝에 연결된 휜렙 손동작까지 이어지는 낭창낭창한 춤사위에 더해 걷는 듯 마는 듯 조용한 발놀림이며 유연한 허리놀림으로 자신들만의 전통美를 표현하고 있었다.

　레파 선상이나 수상가옥에서 익혔을 전통춤이니 몸짓이 조심스럽지 않을까. 게다가 연중 무더운 날씨 속에서 익힌 춤이기에 활발한 몸놀림으로 땀 낼 필요는 없었을 터, 바다 속 자연의 움직임에서 본땄다는 춤사위여서 그런지 한결 보기가 좋았다.

　유행가를 부르는 초청가수와 현대판 무용수가 등장해 분위기를 바꾸더니 레파퀸 미인대회 수상자에 대한 대관(戴冠)과 시상식이 행해졌다. 귀빈석에 앉아있던 주지사 무사 아만의 부인과 귀족부인들이 단상으로 나왔다.

2013년 1등 레파퀸의 상금은 3000링깃, 우리 돈으로
90만원 정도였다. 사진 왼쪽이 주지사 부인이다

예선 본선이 언제 치러졌는지 모르지만, 각기 다른 상금이 표시된 상품을 받는 레파퀸들은 눈이 번쩍 뜨일 정도의 미인이었다.

이 해 1등에 해당되는 레파퀸에게 내려지는 상금은 3,000링깃(한화 90만 원 정도)이었다.

이슬람국가에서 미인대회라니 하고 낯설어하는 사람도 있을 터인데, 말레이시아 사바 주에서는 큰 행사 때마다 미인선발대회가 열리고는 했다.

지난 2004년 말레이시아 사바 주 추수감사절에 해당하는 타다우 카마탄(Tadau Kaamatan)을 취재했었는데, 그때도 각 부족들에서 내세운 미인들 중에 '미스 사바 주'를 선발하는 이벤트가 있었다.

다민족 다문화에 대한 배려일 수도 있고, 정착 소수민족에 대한 응원일 수도 있겠으나 막상 말레이계 무슬림 여성의 미인 선발대회 참가에 대해서는 종교적 이견도, 논란도 많다는 게 셈포르나에서 만난 사바 주 여행사 대표의 설명이었다.

하여 '미스 월드 말레이시아 2013년'의 결선 참가자 20명 중 회교도 여성 4명이 이슬람계의 반발에 부딪쳐 물러난 일도 있었다고. 이해 7월, 말레이시아 이슬람 여성 협의회의 반발로 비롯된 논란은 연방이슬람종교부(Jawi)가 무슬림 여성의 미인대회 참가 불허라는 결론을 내림으로 한 단락 지어졌다.

이슬람 율법을 검토한 결과라는 얘기니, 대회 입상을 꿈꾸던 무슬림 미인들이 상심했을 듯하다.

수상가옥 뽄도한의 이모저모와 바자우 물장수

외진 어촌에서의 화려했던 레가타 레파가 끝나면 바자우들은 다시 일상으로 돌아가기 위해 정착한 외딴섬이나 바다 한가운데로 나간다.

타타간(TATAGAN)섬과 붐붐섬은 물론, 뭍 주변 해안에 정착하기 위해 진즉에 수상가옥(뽄도한)을 지었거나, 기존의 수상촌락 곁에 이어붙이고 사는 경우도 제법 많았다. 뽄도한은 목재로 지은 수상가옥을 이르는 바자우 말이다.

이렇게 정착하는 이유는 대부분 아이들의 미래를 위한 공교육 때문이라는 게 하루 렌트한 보트 선장의 의견이었다. 어떤 이유로든지

식구들과 함께 식수가 나오는 섬으로 물을 길러 가는 소녀의 표정이 밝다

영주권을 받고 말레이시아로 국민으로의 편입을 마치면 바자우 본디의 방랑생활에서 거주민으로 바뀌어 갈 수밖에 없을 것이다.

바다를 삶터로 여기며 오로지 바다와 더불어 사는 사람들이었는데 이제 먹고사는 데 필요한 것을 셈포르나 등 소도시에서 구하기 위해 돈을 벌어야 하는 상황이다. 예를 들자면 엔진을 얹힌 어선엔 기름을 넣어주어야 하고, 일상에 필요한 다양한 생필품과 아이들 학용품도 필요하지 않겠는가?

생활용수 중에서도 식수는 그중 기본이다. 물론, 말레이반도나 보르네오 섬에 사는 본토인들 역시 석회 성분이 많이 섞인 수돗물을 정수해서 먹거나 마켓에서 식수를 구입해 사용하기도 한다.

그래서인지 셈포르나 뿐만이 아니라 코타키나발루에서 제법 거리가 있는 섬에서도 배에 물을 싣고 수상가옥촌을 찾아다니며 식수를 배달하거나 파는 바자우 선상물장수가 성업 중이라고 들었다.

가야섬처럼 코타키나발루에서 비교적 가까운 섬에는 본토에서 끌어온 상수도시설이 설치되어 있다. 물론 그 수질은 썩 좋지 않아 집집마다 설치한 정수기를 통과시켜 사용해야 할 정도이다.

반면, 태국의 바다집시 모켄족은 일부를 빼놓고는 대부분 정착을 한지 오래다. 꼬란타와 푸켓의 꼬시레와 라와이 등이 태국 정부에서 모켄족을 정착시킨 대표적인 지역이고 꼬수린이 비교적 자유롭게 사는 모켄족의 거주지다.

푸켓지역 꼬시레 정착촌에서 촬영한 모켄족 남성과 바다를 염원하는 모켄족을 위해 우리 계원예대 혹은 계원예고 학생들이 솜씨를 보여 정착촌에 그려놓은 벽화가 반가웠던 기억이 새롭다.

양식장의 바자우족 월급쟁이

본디 자신들만의 방식대로 표해민으로서의 선상생활을 하는 바자우나 정착한 바자우나 바닷살이는 다를 바 없다. 쉽지 않게 영주권을 받고 뭍과 수상가옥촌에 정착했을 바자우라도 대부분의 직업은 여전히 어부다. 고기잡이 말고는 해본 일이 거의 없었기 때문일 것이다.

미아가 등 셈포르나 주변 섬에 정착한 바자우족 남자들 중 일부는 해조류 양식을 업으로 삼는 경우도 드물지 않다.

대규모 양식장이니 채취와 이식이 같은 날 이루어지기도 한다

양식장을 소유하고 채취에서 건조까지 해내는 바자우 가족도 있다
지만, 극히 일부분이란다.

대부분 화교(華僑) 객주의 자본으로 꾸민 대규모 아갈·아갈 양식
장에서 채취와 이식 등 바닷일을 하고, 아내와 가족들은 건조에 손
을 보태면서 그 대가로 임금을 받는, 이른바 월급쟁이 고용어부일
뿐이다.

바자우들의 솜씨로 수중에서 45일에서 50일 정도면 너끈히 키워내
는 해조류 아갈·아갈은 동남아시아 여러 나라에서 Seaweed로 통칭되
는 우뭇가사리의 일종이다.

술루해 중에서도 이들이 머무는 셈포르나 주변 바다는 연중 태풍

이 없다. 바자우족은 저 건너 필리핀 해역에서부터 태풍이 시작된다는 것을 이미 알고 태풍으로부터 안전한 바다에 머무는 것이다.

게다가 우기를 제외하면 연일 바다가 잔잔하니 이삼백 미터에 이르는 친승줄(어미줄)을 두 개의 닻만으로 고정시켜 놓고도 우뭇가사리를 너끈히 키워낼 수 있다. 이 줄에는 잔토막낸 우뭇가사리가 촘촘히 매달려 있고, 중간 중간 속빈 PET 물병을 부이(Buoy-부자) 대용으로 삼아 곁줄에 줄줄이 달린 아갈-아갈 무게를 지탱할 수 있게 했다.

맑고도 너른 바다 위, 밖엣 사람들에게는 이렇게 자라나는 바닷말 우뭇가사리와 줄줄이 뒤섞인 PET 물병이 육지에서 흘러내려간 쓰레기더미인 듯 보인다. 실제로도 묶어놓았던 친승줄에서 탈락된 뒤 다른 쓰레기와 뒤섞여 '쓰레기 섬'의 일부가 되어 해상을 전전하기도 한다.

뙤약볕 속, 바자우 남정네는 이 줄에서는 다자란 우뭇가사리를 베어내고 저 줄에서는 전날 아내와 가족들이 잔토막낸 어린 우뭇가사리를 친승줄에 연결하며 하루를 보내고 있었다. 남정네라 부르기엔 어린 소년도 쪽배 위에서 손을 재게 놀리고 있었다. 바자우 선장이 배를 바짝 붙여 말을 시켜보지만, 이방인을 향해 얼굴조차 들지 못할 정도로 수줍다.

수상생활을 하던 정착생활을 하던 어릴 때부터 자연스레 물과 친숙해진 바지우 아이들은 청년으로 성장해서도 바다에 기대어 살아갈 수밖에 없을 듯하다. 바다가 학교요, 어부인 아버지가 선생님인 이들

정착한 바자우족. 미아가섬 부근의 바자우족 수상가옥촌

은 걸음마와 동시에 수영을 배운다던가. 살기 위해 배우고 놀기 위해 배운다는데 이 소년도 그런 아이였을 것이다.

마치면서

술루 해 여러 섬과 주변 바다의 관광자원화는 바자우들의 삶을 위협하고 있다. 말레이시아의 경우, 대표적인 곳이 마블 섬과 시파단 섬이라 할 수 있다.

공기통 등 현대화된 수중장비를 갖추고 아름다운 바다 속을 만끽하려는 외국인 스쿠버다이버들로부터 조금 떨어진 바다에서는 원시적이라 할 어구를 이용해 바다 속을 들고나며 삶을 이어가는 바자우들이 있다는 것을 그들이 알았으면 참으로 좋겠다.

임시거처일지언정 바자우들이 기둥을 세우고 수상가옥을 올린 바다의 얕은수심 등 주변 환경은 잠시 찾아온 외국인들의 바다놀이에도 적당한 환경인 것이다.

설사 먼저 들어온 바자우들이 터를 닦은 섬이라 해도 리조트가 들어서면 철조망부터 둘러쳐지고, 바자우들은 그 밖으로 밀려날 수밖에 없는 게 현실이다.

뭍에 정착해 영주권을 지닌 바자우족 아이들 중에는 학교에 다니는 경우도 많다고 했다. 역시 관광사를 운영하는 현지인의 설명이다. 의무교육은 아니나, 공립인 경우 중학교까지는 무상교육이니 학비 걱정은 없다니 그나마 다행이랄까. 사바 주 정부에서도 여러 섬과 셈포르나를 오가는 통학 선박을 운영해 주는 등 나름의 지원을 하고 있다고도 했다.

제2장

역사의 가치를 더해가는
두 이름의 도시, 후쿠오카(福岡)
- 뮤지엄을 통해 본 후쿠오카(福岡)의 잠재적 가치 -

김정학*

1. 후쿠오카의 노하우(know-how)

서양의 오랜 타자였던 동양, 근동, 중동, 극동 등은 모두 서양식 발상의 명명이다. 『아시아의 역사』 저자 마츠다 하사오(松田壽男)는 "서유럽을 기준으로 그 척도에 아시아를 맞추어보고 그 척도에 맞지 않는 것을 '아시아적'이라고 정의한다"고 얘기했을 정도다. 영국시인 R. 키플링은 그의 시 『동(東)과 서(西)의 발라드』에서 '동양과 서양, 이 쌍둥이들은 더 이상 만날 수 없으리'라고 노래했지만, 백남준의 작품 <바이 바이 키플링 Bye Bye Kipling>으로 허사(虛辭)가 되어버린 지 오래다. 하지만 모두들 다시 정의내려질 아시아는 이제까지

---

* 대구어린이세상 관장

알고 있던 아시아와는 많이 다른 모습일지 모른다고들 생각했다.

현대 일본이 '서구'의 일부인지, 아니면 '아시아'의 일부인지에 대한 질문은 오랫동안 국가 정체성에 대한 현대일본 담론의 중심이 되어왔다. 한편, 전후 시대에, 정치권력의 중심에서 멀리 떨어져 있으면서도 나름의 방식으로 세계화된 후쿠오카를 포함한 규슈 북부지방은 자신만의 특정한 지역 정체성을 형성했다. 그 과정에서 일본은 많은 도시를 '창조도시'로 발빠르게 출발시켰고, 도시환경보다도 문화적 환경에서 창의성이 나타날 거라는 생각을 일깨워 주었다. 하지만 우려되는 것은 시민들이 도시의 역사적 맥락과 지역 문화의 독특함을 제대로 이어가지 못하면 '상품의 소비'에서 '경험의 소비'를 향한 꾸준한 변화는 진행되지 않을 것이라 우려하고 있었다. 도시는 장기간에 걸쳐 유기적으로 발전하지만, 도시가 돈을 쓰면, 시간이 흐르면서 투자한 것을 달성할 수 있다고 사람들은 잘못 믿고 있다는 것이다. 또한 도시발전을 위해 역사적 맥락과 지역 문화의 독특함을 이해해야 한다는 사실을 잊어버리는 경향이 있다는 것이다. 시민이 모두 참여하여 꾸준하면서도 근본적인 노력을 기울이지 않는 한, 도시의 발전은 상상하기 어려워진다는 것이다. 그리고 도시는 문화를 창조하는 능력을 더 믿고 투자해야 하며, 이 '소프트 파워'를 평가하는 방법에 대한 토론도 결코 소홀히해서는 안된다. 현재의 도시들은 다양한 거주 가능성에 대한 추상적 아이디어에만 지나치게 의존하고 있다고 생각하는 경향이 크기 때문이다.

일본은 메이지유신(明治維新) 이래 '탈아입구'(脫亞入歐)노선을 택해 왔다. 메이지시대를 대표하는 일본의 계몽사상가인 후쿠자와 유키치(福澤諭吉)는 '일본의 발전에 전혀 도움이 되지 않는 중국과 조선 등 아시아 국가들의 대열에서 벗어나 서양 문명국가들과 진퇴를 같이해야 한다'고 주장했다. 이러한 '탈아입구론'은 제국주의와 군사대국주의, 그리고 일본의 대외침략정책으로 발전했다. 하지만 서구 사회의 일원이 되었다는 생각은 일본의 착각이었을 뿐이다. 이제 일본의 새로운 선택은 '탈구입아'(脫歐入亞)일 것으로 보인다. '아시아붐'은 그동안 일본인이 추구해 왔던 백인문화 중심주의에 대한 반성으로 해석할 수 있으며, 아시아붐은 일본인이 아시아권에 대해 지니고 있던 우월감을 완화시키는 것에 일조했다고 평가할 수 있다. 이렇게 상황이 바뀐 것을 두고, 후쿠오카 시민들은 문화적 교류확대 때문이라고 생각했고, 현재의 가치에 부합하는 이상적인 이미지를 새롭게 추구해야 한다고 말했다. 그런 의미에서 후쿠오카는 '기대 이상의 큰 잠재력을 가지고 있는 도시'라고 생각한다.

일본은 우리보다 먼저 겪었고 먼저 실험했다. 먼저 절망하고 먼저 희망을 찾았다. 가야 할 길을 모색하는 것이 가장 효율적인 방법일지도 모른다. 시행착오는 필수라 하더라도 상처의 크기 정도는 줄일 수 있기 때문이다. 21세기에 들면서 후쿠오카는 '아시아의 현관'이라는 캐치프레이즈를 내세웠고, 문화력(文化力)으로 세계를 향한 아시아의 문(門)을 만들면 '도시의 매력이 곧 도시의 경쟁력이 된다'고 강조했다. 그들의 오만한 캐치프레이즈가 곳곳에서 단순히 '오만'에만 그치는 것이 아님을 보여주고 있었다. 모든 것이 긍정적이지는 않지만, 일본은 일반적으로 다른 문화와 충돌하고, 모방하고, 융합함으로써 문화가 발전한다고 생각한다. 실제로 후쿠오카에는 대륙의 영향을 받았을 것 같은 독특한 측면을 많이 볼 수 있는데, 자신의 문화와 독창성을 더욱 발전시킴으로써 도시는 국제적 경쟁력을 개발할 수 있다는 것을 입증해보이는 듯하다.

후쿠오카의 도시개발에 있어 주요 전략은 동아시아, 특히 중국, 한국 등 아시아 기업을 유치하고, 후쿠오카에 투자하게 함으로써 일본의 아시아 관문으로 자리매김하는 것이다. 후쿠오카의 기업들은 후쿠오카를 동아시아로 향하는 일본의 관문이라는 이미지를 빠르게 구축해 왔으며, 이러한 점에서 후쿠오카를 보다 아시아 친화도시로 만들기 위해 지방 정부와 깊은 동맹관계를 형성하고 있다.

'소프트 로케이션' 요소를 개발 및 육성하기 위해 구상된 '창조도시' 개념은 기존의 '소프트 인프라'를 국산화하여 장소성 및 브랜드 전략에 통합할 필요성을 제시하고 있는데, 이러한 시도는 경쟁력 중심의 민간 부문과 공공 부문 주도의 예술문화진흥정책의 차이를 극복할 수 있는 메커니즘을 찾는 것을 의미한다. 이것이 가장 절묘한 후쿠오카의 노하우(know-how)라고 믿어지는 부분이다.

일본 후쿠오카는 고현학(考現學, modernology)으로 도시의 이미지를 풀어간다. 의미가 배제된 사물을 수천 년 후에 누군가 발굴했을 때 그가 그것에서 어떤 가능성을 찾아낼 수 있을까?, 그런 생각들로 사물의 한계치를 넓혀갈 수 있을까? '그렇다'는 것이 '고현학'의 기본 생각이다. 일본의 건축 미학자이자 미술평론가인 곤와지로(今和次

郎, 1888~1973)가 창안한 '고현학'은 현대사회의 모든 풍속, 세태, 유행의 흐름 등을 연구, 조사·기록하여 규명하려는 학문이다. 그는 사물을 신구(新舊)의 차이만으로 서술하지 않는다. 오히려 존재의 본질을 재미있게 드러내면서 현대를 살아가는 사람들을 행복하게 해줄수 있다는 것이 고현학의 장점이라고 주장했다.

2. 후쿠오카, 그 교류·교역·혼혈의 역사

'국제 도시 후쿠오카(福岡)의 가능성은 일찍이 7세기 후반에 실증되었다.'

후쿠오카시(市)를 알리는 홍보물에 적혀 있는 문구(文句)로, 이 홍보물의 타이틀은 '우리는 21세기를 창조한다'. 아시아 문화상을 제정해 매년 1억원의 상금과 '아시아를 탐구하는 30일'이라는 이름의 행사를 치르면서 무려 90억의 거금을 쏟아붓는 도시. 지방자치 시대를 가는 우리나라 지자체들에게 후쿠오카 시의 사례는 타산지석이 될수 있을 것이다.

본질적으로 예술적이거나, 전통적인 활동의 지원에 늘 적극적인 이도시는 국제공항의 이름으로는 후쿠오카(福岡), 기차역의 이름으로는 하카타(博多)를 쓰고 있다. 이래도 저래도 다 통하고, 어느 누구든 전혀 헷갈리지 않는 도시이다. 뿐만 아니라 '모두를 위한 예술, 미래를 위한 예술'이라는 예술문화진흥비전 아래 펼쳐지는 다양한 시민활동과, 예술·문화를 통한 도시브랜드의 출발을 알린 후쿠오카는 어느새 많은 수의 문화 관련 시설, 특히 극장과 박물관을 자랑삼는 도시가 되었다.

작가 타카기 노부코(高樹のぶ子)는 '후쿠오카는 어떤 도시인가'라는 질문에 '하나하나는 크지 않지만 다양한 채색과 모양과 맛의 시설과 기능이 알맞게 집중되어 있어 사람마다의 요구를 충족시켜주는 도시'라고 답했다. 말한 대목을 냉정하게 따져보면, '후쿠오카를 교역(交易)의 도시라고 하는 것은 거짓말에 가깝다. 다들 외지로부터의 온 수입품 뿐이고, 오리지널은 아무것도 없다. 후쿠오카를 문화의 소비도시라고 실토하는 이도 적지 않은데, 그건 하카타의 전통문화에서 순수한 오리지날을 찾아내는 것은 힘든 일이라는 뜻'이다. 하지만 다양한 문물을 발빠르게 적극 수용한 역사에 의해 형성된 후쿠오카는 무수한 역사의 파동이 복잡하게 얽히고 설키며 고대 - 중세 - 근세 - 근대의 리듬을 연주하여 현대에 이르고 있는 것이다. 오리지날이 있는지 없는지 논의하는 것보다 충만한 문화의 특질을 찾는 것이 정답일지도 모른다. 역사에 도시의 정체성을 맞추는 실력은 오래전부터 닦아온 셈이다.

태평양전쟁(제2차 세계대전) 말, 1945년 6월 19일 밤늦게부터 다음 날 새벽에 걸쳐 미군의 장거리 폭격기 B-29 대편대가 후쿠오카시 상공을 비행하며 많은 양의 소이탄을 투하했다. 패전 두 달 전 <후쿠오카 대공습>으로 후쿠오카시 중심부는 불타는 들판이 되고 말았다. 와타나베도리 1초메에서 하카타만까지 한눈에 내려다볼 수 있을 정도로 완전한 잔해 뿐인 거리가 된 것이다. 후쿠오카의 부활의 힘은 전후의 불탄 자리에서 볼 수 있다고 전해진다. 그건 바로 다름 아닌 축제. 축제가 후쿠오카를 되살린 것이다. 후쿠오카에서 축제는 신성 의례에 해당하는 것이 아니라 도시의 핵심을 이루는 에너지원으로 현대식 단발식 이벤트로는 도저히 알 수 없다. 축제의 근원에 웅크리고 있는 보이지 않는 역사의 에너지가 시민 파워와 융합하여 거대한 폭발을 일으키고 있음을 인정할 수밖에 없는 것이다.

　이 폭발력의 기저를 더듬어가면 일본형 '크리올(Creole)'이라고도 명명하고 싶은 문화의 혼혈융합에 부딪친다. 크리올은 아메리카 신대륙에서 일본에 오기 시작한 스패니시들에게서 시작되었는데, 카리브해를 둘러싼 섬들의 사람과 문화의 혼혈을 가리키는 개념으로 쓰이고 있다. 이것의 확대원용이 가능했던 것은 후쿠오카의 오랜 역사가 고스란히 교류·교역·혼혈의 역사이기 때문이다. 교류·교역·혼혈의 범위는 넓고 속이 깊다. 그 소용돌이의 에너지가 하카타의 기층에 강력하게 스며들어, 역사의 변형에 부딪혔을 때, 재기의 힘을 발휘해 온 것이다. 지금 아시아를 향해 열린 국제도시를 지향하는 후쿠오카가 지향해야 할 것은 정치경제적 관점에서 유효성 추구뿐만 아니라 역사속의 하카타에 내재된 중층적인 부활의 에너지 회복과 확충이 아닐까.

3. 후쿠오카의 잠재력을 드러내는 박물관들

동서양을 가릴 것 없이 도시의 박물관은 시민의 문화복지에 절대적으로 기여한다. 함께 진화하기 때문이다. 그래서 도시를 주제로 한 세계의 박물관들은 혁신적인 생각과 효과적인 접근방식으로 자신을 드러내는 일에 한층 애쓰고 있다. 누군가 '사랑하면 알게 되고, 알면 보이게 되고, 그때 보이는 것은 예전 같지 않을 거'라 했다. 이렇게 풀어보면 어떨까. '지난 날을 기억할 수 없다면 우리는 앞으로 어떤 희망도 가질 수 없다'라고.

도시박물관은 단순히 도시의 유물을 보존하는 곳이 아니다. 도시박물관은 도시가 성공적인 발전을 위해 방향을 제시하는 이야기꾼으로서 중요한 역할을 한다(블라즈 페르신, 류블라냐 도시박물관장·슬로베니아), 도시박물관은 도시 안에서 일어나는 변화의 방식에 대해 해석하고 설명해야 할 필요가 있다(맥스 헵디치, <도시에 대한 박물관> 저자), 무엇보다도 도시박물관은 도시를 이해하는 곳이어야 한다. 많은 박물관들은 가까운 과거는 낯설게 다루고, 현재는 회피하며, 미래는 무시하는 박물관이었다. 또한, 지금도 그러하다(이안 존스, CAMOC 사무관·영국). 이들 전문가의 표현은 '박물관은 무한책임을 져야 한다'는 의미로 들린다. 한 도시의 가치를 그 역사가 담긴 박물관 혼자서 오롯이 드러내 보이기란 쉽지 않겠지만, 후쿠오카시와 인근의 세 박물관이 보여주는 잠재가치는 부럽기 그지없다.

후쿠오카시의 도시매력 가꾸기는 문화재 정책에서 살필 수 있다.

후쿠오카시의 문화재 발굴 등과 관련된 예산은 연간 300억 규모. 인구 수는 일본에서 7~8위 정도이지만 문화재 예산만큼은 교토와 오사카에 이어 3위를 차지한다. 문화재의 수도 국가 지정 792점, 현(縣)지정 1천289점, 시 지정 2천665점 등으로 일본 도시 가운데 가장 많다. 그뿐 아니라 후쿠오카시는 1987년말 헤이와다이(平和台)야구장 야외 관람석 보수공사 중에 발견된 고로간(鴻臚館) 유적터의 복원작업을 지금도 계속 진행하고 있다.

여기서 후쿠오카의 잠재력을 느낄 수 있는 박물관을 만난다.

먼저, '후쿠오카 시립박물관'. 후쿠오카 시립박물관이 자랑하는 대표 유물은 고대중국역사서에 기술되어 있는 금인(金印)으로, '한위노국왕(漢委奴國王)'이라 새겨져있으며, 한쪽 면이 2.3cm이다. 서기 57년 후한의 광무제로부터 하사받은 것으로, 여러가지 추측을 할 수 있게 해주는 유물이라 더더욱 흥미롭다. 금인은 국제교류의 흐름을 생각해볼 수 있는 소중한 자료로 역사적으로도 매우 중요한 자료로 꼽힌다. 대륙과의 접점으로, 서쪽의 서울(西の都)이라 불리며, 국제도시로 번영했던 하카타. 메이지정부가 탄생하고 박람회와 공진회 등의 개최로 근대도시화가 진행되었던 후쿠오카. 이곳을 대표하는 '후쿠오카 시립박물관'의 기본이념을 들여다 본다. '향토의 역사를 올바르고 알기 쉽게 전시하며, 문화유산의 다목적 활용을 도모하고 시민과의 소통의 장이 될 것과 향토의 역사를 형성한 지리적·정치적·경제적인 여러 조건들을 종합적으로 자리매김하여 일본 내 후쿠오카를 올바르게 이해시켜 규슈의 주도(州都)에 걸맞은 박물관이 되어야 한다'. 이 정리된 생각은 전시장에 들어서면서 보게되는 <후쿠오카 박물관의 활동방침>과 맞물려 많은 생각을 하게 되고, 모든 것이 결코 허언(虛言)이 아님을 알게 한다.

그 '활동방침'은 '❶ 2000년 이상 아시아와의 교류 역사를 가진 다른 도시에서는 찾아볼 수 없는 후쿠오카의 특성을 알기 쉽고 재미있게 이해할 수 있으며 올 때마다 감동과 발견을 할 수 있는 매력적인 전시, 교육 보급 활동을 한다. 동시에 아시아, 나아가 세계의 다양한 문화를 접할 수 있는 지적 체험의 장으로서 충실을 도모한다. ❷ 최신의 고도의 정보기능을 활용하여 어린이부터 일반시민, 전문가까지 다양한 관심에 대응할 수 있는 전시와 해설을 실현하고, 수장품의 데이터와 박물관 정보를 국내외에 널리 전파하여 문화자원으로 효과적으로 활용한다. ❸ 후쿠오카의 역사와 민속에 관한 둘도 없는 문화유산의 발견 수집에 힘쓰고, 조사연구의 성과를 적극적으로 알리고, 학술의 진전과 시민의 학습 의욕, 지적 욕구에 부응한다. 또한 문화유산의 적절한 보존, 계승과 활용에 필요한 선진적 기술과 설비를 보유한다. ❹ 시민의 역사문화, 민속연구활동 등과의 연계를 도모하여 시민에게 친숙한 교류의 장이 된다. 또, 학교나 지역과 제휴해, 어른과 아이가 함께 배우고 즐길 수 있는 박물관을 목표로 한다. ❺ 박물관의 쾌적한 환경보전과 향상을 위해 노력하고 시민의 휴식처이자 시민의 응접실이며, 자주 오고 싶어지는, 누군가를 데려오고 싶어지는 박물관을 목표로 한다. 나아가 아시아 교류거점도시 후쿠오카에 걸맞은 문화의 상징적 시설로서 더욱 높은 평가를 받도록 노력한다.'이다. 이건 레이

후쿠오카(福岡)시립박물관

올든버그(Ray Oldenburg)가 이야기하는 '제3의 장소'가 아닐 수 없다.

그리고 모지코(門司港)의 '간몬해협(関門海峽)박물관'. 이곳은 체험형 박물관의 새로운 전형을 보여주는 공간이다. 간몬해협은 일본 혼슈 서쪽 끝 항구인 시모노세키시(下関市)와 기타규슈시 모지구(門司区) 사이의 해협이다. 이 해협을 테마로 문을 연 간몬해협박물관은 과거와 미래가 교차하는 역사의 큰 무대였던 간몬해협의 장대한 이야기를 엮어내는 체험형 박물관으로 모지코 레트로(retro)지구의 랜드마크이다. 원래의 이름은 생긴 모습을 따서 2003년 '해협드라마십

(dramaship)'으로 문을 열었지만, 2018년부터 1년 반 동안 10억 엔의 예산을 투입, 리모델링을 하고 체험거리를 늘려 2019년 9월, 이름을 바꿔 재개관했다. 해협의 역사, 자연, 문화를 영상이나 게임을 통해 다양하고, 드라마틱하게 체감할 수 있는 시설로 탈바꿈한 것이다. 5층으로 이루어진 박물관은 요즘의 고층형 박물관들이 그렇듯이 올라가서 내려오며 관람하는 구조다. 2층에서 4층까지 뚫린 '해협 아트리움'은 해협의 역사를 환상적이고 역동적인 영상으로 재현해 특별한 볼거리를 제공한다. 18m × 9m의 거대한 돛모양 스크린은 압도적인 영상미로 해협의 다양한 매력을 전한다. 빛과 음악이 어우러지는 바다생물들의 컬러풀한 판타지를 사실적인 그래픽으로, 국제무역항으로서 발전한 모지코의 변천을 역동적인 모노로그로, 1185년의 단노우라 전투와 1863년의 바칸 전쟁(馬関戦争)을 최첨단 애니메이션으로 보여주는데, 나선형 슬로프를 오르는 관람객은 약 8분 길이의 영상을 30분 간격으로 관람할 수 있다.

'해협역사회랑'(3층)에서는 혼슈(本州)와 규슈(九州)가 갈라졌다는 전설에서부터, 시대의 변화를 부른 수많은 사건들의 무대가 된 이곳의 이야기를 정교한 인형으로 재현하고 있다. 간몬해협에서 일어난 단노우라 전투, 바칸 전쟁 등도 재현되어 있는데, 어떻게 인형으로 그 장대한 역사의 드라마가 제대로 표현되겠냐고 반문한다면 그건 기우에 불과하다. 일본과 체코 등의 저명한 인형작가 10명이 화려하고 개성 넘치는 다양한 인형으로 해협의 역사와 풍경을 감동적으로 되살려냈기 때문이다.

1층은 1900년대 초반 다이쇼(大正)시대를 재현한 '해협레트로' 거리로 꾸며져 있다. 다이쇼시대 국제무역으로 번성했던 모지코의 거리 일부를 실제 크기로 재현한 공간이다. 모지코가 바나나를 맨 처음 수입한 곳임을 알려주는 재미난 풍경과 전차(電車)가 있고 상인들이 흥정하는 거리의 모습을 사실적인 단색조의 조형물로 보여주고 있다. 방문객들은 항구도시 모지코로 시간여행을 떠나는 길목에 서 있다는 느낌을 받게 될 것 같다. 천장에 달린 수십 개의 조명이 연출하는 푸른 하늘과 노을 그리고 별이 쏟아지는 밤 풍경 속에 거리의 화가, 바나나장수, 영화관, 선술집 등이 지난날의 흥청거림을 느끼게 한다. 자연스레 지역의 역사를 알게 하는 전시기법이 돋보인다. 일본 각지에서 복고풍 경관이나 체험으로 경제효과를 올리게 되면서 유사한 시설들이 세워지고는 있지만, 그것도 실내에 이처럼 잘 만들어진 곳은 흔하지 않을 것 같다.

'간몬해협박물관'은 다양한 방법으로 간몬해협의 매력을 알려 70만 명의 관광객을 모으는 데 제몫을 다하기 위해 욕심을 잔뜩 낸 공간이지만, 전혀 흠잡을 데가 없다. 오로지 '간몬해협' 그 하나에 집중하고 있는 곳, 다양한 콘텐츠들을 '기-승-전-해협'으로 모아놓은 곳. 디지털과 아날로그가 망라된 원소스멀티유즈(OSMU)의 교과서 같은 박물관을 나서면서 사람들은 모지코 레트로의 가치를 다시 기억하게 된다.

마지막으로 '규슈국립박물관(九州國立博物館)'. 후쿠오카현 다자이후(太宰府)의 이 박물관은 '일본은 아시아와 어떤 관계를 맺으며

모지코(門司港)의 간몬해협(関門海峽)박물관

독자적 문화를 형성해 왔는가'를 콘셉트로 2005년에 개관한 일본 네 번째 국립박물관이다. 100년 만에 지어져 화제를 모은 일본 최대의 국립박물관으로 '바다의 길, 아시아의 길'이라는 캐치프레이즈가 옛날부터 교류를 통해 번성했던 이곳과 잘 어울린다. '바다의 길, 아시아의 길'(海の道, アジアの路). 그리고 이 캐치프레이즈를 테마로 한 상설전시로 일본의 교류사를 드라마틱하게 체감할 수 있다. 도쿄(東京), 나라(奈良), 교토(京都)에 이은 4번째 국립박물관으로 '규슈의 100년 꿈'을 이룬 규슈국립박물관은 "일본문화 형성을 아시아 역사적 관점에서 조명한다"는 새로운 컨셉으로 일본과 아시아 여러 나라와의 문화 교류의 역사를 배울 수 있다고 말한다. 1873년에 "다자이후 박람회"가 개최된 후 박물관을 건설할 계획이었으며, 일본 현대

규슈국립박물관(九州國立博物館)

예술운동을 이끈 텐신 오카쿠라가 규슈에 국립박물관을 세워달라 요청한 1899년 이래로 박물관 건립은 이 지역의 소원이었다. 그후, 106년이 지나고서야, 이 소원은 마침내 "아시아와의 문화적 교류를 위한 토대"로 2005년에 문을 열었다.

　규슈박물관의 기본 개념은 "아시아 역사의 견지에서 일본문화 형성을 검토해 보는 것"으로, 나름의 독특함이 존재한다. 또한 수도나 과거에 수도였던 지역이 아닌 지방의 도시에 건립된 최초의 박물관이라는 것도 매우 두드러진 일이며, 후쿠오카 주변의 문화는 아시아의 문화 및 개화와 밀접하게 관련되어 있다는 점을 다양하게 알려줄 수 있게 된 것이다. 다양한 문화가 아시아 각국으로부터 교류를 통해 일본으로 전해져 왔고, 이 중에서 어떤 것들은 일본인의 지혜와 일본의 문물로 심화 발전된 다음 다시 그 지역에 되돌려졌다. 후쿠오카는 항상 이러한 교류의 토대이자, 중심이었다. 이런 면에서, 후쿠오카 자체가 역사에서 비롯된 국제적 문화교류도시임을 어느 누구도 부정할 수 없다.

규슈국립박물관은 후쿠오카 인근의 유명 관광지 다자이후 텐만구 (太宰府天満宮)에서 무빙워크로 층층이 연결되어 접근성이 좋다. 에메랄드빛 외관이 돋보이는 박물관을 들어서면 1층에 아시아 문화의 체험형 전시공간 '아짓파'(あじっぱ)가 자리하고 있다. 여행을 모험과 순례로 나눠본다면, '아짓파'는 순례에 더 가까운 여행일 것이다. '가깝고도 먼' 아시아의 나라들을 찬찬히 경험해 본다는 사실만으로도 방문한 아이들에게는 경이로운 여행이 아닐 수 없다. 'アジアのはらっぱ'(아시아의 들판)의 줄임말인 '아짓파'는 고대부터 일본이 교류해 온 아시아와 유럽 문화의 다채로운 감각을 방문객들에게 전해주는 무료 인터랙티브 전시장이다. 한국, 중국, 몽골, 베트남, 태국, 인도네시아 등 아시아 국가는 물론 옛날 일본과 활발한 교역을 벌였던 포르투갈, 네덜란드 등 유럽 국가들의 부스가 포장마차처럼 마련되어 있고, 각 나라의 전통적인 의상, 생활용품, 악기, 장난감, 인형 등도 만져볼 수 있어 그야말로 아시아의 활기찬 전통시장에 온 기분이다.

눈길을 끄는 작품들의 전시장인 '아지안'과 아시아의 역사와 문화에 대해 고고학자 체험을 해볼 수 있는 테마공간 '아지갸라', 그리고 아시아의 음악을 듣거나, 풍경을 볼 수 있는 '다나다'로 이루어져 있는 '아짓파'의 색깔 있는 콘텐츠들은 '아시아의 교류'라는 공간의 모토를 잘 살리면서, '학습'과 '체험'을 '놀이'로 승화시키는 또 다른 즐거움을 주는 곳이다. 전시는 조금씩 변화하지만, "아시아를 느낀다"는 주제를 늘 지켜가고 있다는 그들의 자부심이 느껴진다.

한국관에는 팽이, 윷, 제기 등의 전통 놀이기구와 탈, 전통의상 등도 있고, 또 한국의 조각보를 이용한 그림그리기, 퍼즐맞추기를 할 수 있는 체험 공간도 마련되어 있다. 호랑이가 그려진 민화도 친숙하다. 게다가 몽골의 전통악기 '마두금', 타이 체스 '맥룩', 인도네시아의 전통놀이 '다콘'같은 것도 스스럼없이 만져보고, 재미있게 서로 겨뤄 볼 수 있다.

많은 사람들은 '아짓파'를 나서며, 아직도 갈피를 잡지 못하고 있는 각 나라의 '다문화'를 생각한다. 다문화(多文化)는 당연히 '복합문화'여야 하고, '다름을 인정하는 문화'여야 맞다. 그냥 여럿이 모여만 있는 게 다문화가 아니다. 지금과 같은 배타적인 이민정책과 고집스런 동화(同化)정책으로는 아시아와 세계를 마음껏 호흡한다는 건 공허한 구호일 뿐이다. 사람들은 '다문화'를 통해 창의성을 기대한다. 창의성이란 독립적인 자신의 생각과 표현방식, 자신의 아이디어를 표현하고 다른 사람들과 공유하는 방식이 아닌가. 많은 사람이 눈앞에 바로 보이는 것을 넘어서 그 이면에 감춰진 것을 볼 수 있는 능력, 주변을 보거나 조금 다른 방식으로 바라보고 사고할 수 있는 힘을 기를 수 있는 '다문화'를 '아짓파'에서 조금이나마 느껴보기를 기대한다.

일본은 오랫동안 다문화주의적인 생각이 거의 논의되지 않았다. 그

체험형 아시아문화 전시공간 '아짓파'(あじっぱ)

러므로 갑자기 다양성을 육성하는 것은 어려운 일이었다. 1990년대를 전후해서야 多文化-共存(타분카교세이)라는 용어가 등장했다. 닛케이진(일본계 외국인)이 라틴아메리카에서 일본으로 이주하는 사례가 증가함에 따라 지방정부와 비영리단체(NPO)는 이런 노동자와 그 가족을 지원하고 지역 사회에 통합해야 할 필요성에 직면했고, '차이를 받아들이고 존중하면 평화가 유지되고 사회가 계속 발전하고 번영할 수 있다'는 생각에서 일본의 대부분 지역에서 다문화주의는 갈등으로 비화되지 않았다.

다문화 문제를 '새로운' 문제로 다루기보다는 박물관이 이미 관여하고 있는 맥락에 다문화 문제를 두는 것이 중요하다. 그들의 현재 경험과 인식을 민족, 국적, 종교, 성별, 성적 지향 같은, 박물관이 다루지 않은 다른 문제들을 포함할 수 있는 보다 총체적인 다양성에 대한 생각으로 확장할 필요가 있다. 그들은 공동체에서 소외되었지만, 그들 중 많은 사람들(부모와 자녀 모두)이 새로운 환경과 언어로 어려움을 겪고 있는 상황에서, 박물관에 가는 것은 마지막 선택일 수 있다. 그걸 '아짓파'는 예감하고 있다는 것이 놀랍다.

4. 문화도시의 가능성 따져보기

문화도시 혹은 도시문화란 무엇인가. 문화란 '자연을 소재로 하여 목적의식을 지닌 인간의 활동으로 실현되는 과정'으로, 종교나 예술, 과학, 문학 등 형태로 나타나게 되는데, 이를 바탕으로 기존의 도시를 문화적으로 재구성하려는 것'이 문화도시의 개념이며, 목적은 도시 속에서 삶의 질 향상과 경제의 활성화에 있다.

현재 우리나라 도시들이 추진하는 문화도시는 지역의 문화정체성을 바탕으로 지역의 명소를 부각시켜 투자와 관광객을 유치하는 브랜드 중심의 기업형 도시전략으로서, 관(官)주도의 지역축제와 문화도시만들기 바람으로 나타나고 있다. 하지만 이와 같은 관주도형 도시문화만들기는 막대한 국비를 지원하게 되면서 중앙정부로부터 예산을 지원받기 위한 목적으로 경쟁적으로 추진되고 있으며, 이 때문에 지방자치단체장의 치적쌓기용으로 이루어지는 경우가 적지 않다는 것이 중론(衆論)이다.

오랫동안 수준 높은 교육과 노력에 의해 높은 인격이 형성되듯이 도시의 품격 또한 높은 수준의 문화와 오랜 역사의 흐름 속에서 형성되며 이처럼 형성된 도시의 품격은 쉽게 모방하기 어려운 도시의 귀중한 자산이 된다. 자신이 사는 도시에 대한 자부심은 이와 같은 역사문화적 뿌리에서 비롯되며, 이는 도시발전의 원동력이 되는 것이다.

도시의 역사와 시민의 향수가 어우러져 있는 박물관을 찾는 것이 그 도시를 사랑하는 법을 배우는 가장 빠른 길이 아닐까. 그리고 박물관이라면 관심을 갖고 찾아온 사람에게 최고의 경험을 하게 해주어야 하지 않을까. 갖은 오류와 왜곡을 벗고, 시민과 더불어 활력을 되찾아 멋있게 늙어가듯 되돌아보는 즐거움을 자랑스럽게 느낄 수 있는 곳이 바로 '공감의 이야기가 모여 있는 박물관'일 것이다. 우리는 통일신라시대 경덕왕 이래, '대구'라는 이름으로 1266년 동안 존재해온 이 도시를 어느 곳에서, 얼마나 공감할 수 있는가. 역사 속에서 배워야 할 자존감이 결여된 도시는 책임감을 갖기 어렵고, 책임감이 결여된 시민이 정의롭기는 더욱 어려운 법. 역사를 사랑한다지만 알지 못하고, 알았으되 힘들어했다면 대구는 지금 몇 시인가.

도시문화의 가치는 경쟁력에 있다. 그리고 문화는 사람들을 격려하고 지역 사회를 활성화함으로써 매력적인 사회의 발전을 촉진하는 힘을 가지고 있다. 그런데 우리는 어떤가. '자기최면에 빠져 있다', '관이 주도하는 정신승리만으로는 안된다', '문화의 생산자와 중개자,

소비자의 3합이 맞지 않다', '지속가능성을 생각하지 않는다' 등으로 '대구를 겨냥한 생각들'이 모아졌다. 대구는 매우 현실적이고, 매우 구체적이고, 높은 가치의 지속성을 지닌 도시다. 더 넓게, 더 깊이 동참할 수 있도록 제도와 정책이 받쳐만 준다면 상상을 뛰어넘는 문화 예술적 에너지를 만들 수 있는 도시다. 출발의 도시, 시작의 도시이기 때문이다. 이 분지(盆地)가 품은 그간의 역사는 그걸 분명히 말해주고 있다.

달성 비슬산(포산)에서 득도한 일연선사가 본리 인흥사(仁興寺)에서 『삼국유사』의 '역대년표'를 쓰고, 100년 만에 해금된, 실학의 효시 유형원의 『반계수록(磻溪隨錄)』을 옻골마을 보본당(報本堂)에서 최초로 교정한 도시. 서슬 퍼런 시절, 상상하기조차도 쉽지 않았던 국채보상을 기치(旗幟)로 항일정신을 요원(燎原)의 불길 마냥 퍼트렸던 도시. 눈빛 맑은 교복 차림의 학생들이 민주주의를 위해 2·28 민주학생운동을 시작한 도시. 우리나라 최초의 시 동인지 『죽순』을 내고, 최초의 시비인 '상화시비'를 세운 웅숭깊은 도시가 바로 대구이다. 대구는 어떤 시간이 다가와도 절대로 가만히 있을 도시가 아니다. 그렇다면 무엇이 지역의 역사를 훼손시키는가. 오류, 왜곡, 방관, 편견, 선입견, 뒷북, 억지, 표절, 재해석에서 역사의 훼손은 시작된다. 어떤 부끄러움을 무릅쓰고라도 반드시 바로 잡아야 할 지역사 왜곡의 대표적 현장을 찾는다.

첫 사례는 '팔공산 승시(僧市)'. 역사적으로 우리나라에 승시(僧市)는 존재한 적이 단 한 번도 없었다. 누군가 국도변 교통표지판에서

본 '중장터'라는 한글 표기에다 이 말 저 말을 덧붙여 '중장'이 있었던 곳이라고 추론하고, 그걸 '중장(衆場)'이라 바꿔 쓰고, '승시'라고 이름 붙여 대구에서 공식적으로 회자 되기 시작한 것이다. '중장터'라 쓰인 교통표지판이 서 있는 곳은 전라도 화순 운주사 앞 삼거리이다. 그곳은 원래 '중촌(中村)'이라는 마을이 있었고, 그곳에 선 시장을 '중촌장시'라고 했고, 그 말을 줄여 '중장'이라 했으며, 그 오일장이 없어지면서 그곳이 '중장터'가 된 것이다. '중장(中場)'은 주민들이 전하는 말에 의하면 1970년대까지만 해도 제법 번듯한 오일장 형태로 남아있었지만, 교통의 발달과 주민들의 이주로 1975년에 폐장되었다고 한다. 그 후 중장터 위쪽(중촌) 다리 부근의 우시장은 인근에서 가장 큰 우시장으로 명성을 날리면서 시장의 명맥을 이어오다가 사라졌다.

지명에 들어간 '중'이란 발음에서 초래된 곡해로 심각하게 와전된 것이다. 보통 중촌(中村)이나 중골은 마을 중앙이나 농경지 한가운데라는 의미의 중동(中洞)에서 비롯된 지명이 대부분이다. 그런데 그 중(中)을 승(僧)의 개념으로 오해하여 꾸며낸 여러 이야기가 난무하게 된 것은 누구의 책임이어야 하는가. 그 후, 엉터리 스토리텔링으로 치장하면서 '스님들의 물물교환 장터'였다더라', '팔공산 부인사 아래에서 행해졌다더라', '전국에서 유일하다더라'는 식으로 바뀌었다. 이렇게 덧붙이고, 저렇게 이어가며 억장 무너지는 근거를 '역사', '연구'라는 빌미로 끌어대기도 하고, '최고의 관광자원이 될 수 있겠다'고 당국을 비롯해 많은 이의 몸을 달군 다음, 대구 대표축제의 반열에 올렸다.

어떻게 대구의 진산 팔공산까지 와서 부활했단 말인가? 그동안 적지 않은 예산을 지원하고 추진했던 사람들을 불러 꼭 물어보고 싶다.

두 번째는 '순종어가길'. 서울에서는 고종이 왕세자와 함께 러시아 공사관으로 도망간 길을 서울시에서 복원하면서 '고종의 길'이라고 명명했다. 한술 더 떠 대구에서는 2017년 4월, 순종의 남순행(南巡幸)이 '순종황제 어가길'로 탄생했다. 대구 중구청은 2013년부터 총 사업비 70억 원을 들여 대구 수창동·인교동 일대에 거리벽화·남순 역사공간을 만들고 달성공원 정문 앞에는 역사의 고증보다는 조형미에 심사의 초점을 맞춘, 대례복 차림의 대형 금빛 순종(純宗)동상을 건립했다. 망국 전 해, 조선통감 이토 히로부미에 이끌린 순종이 일제 군복을 입고 일본 건국신을 참배하러 다닌 길을 재현하고서는 아픈 역사를 교훈 삼는 '다크 투어리즘'이란 궁색한 변명만 늘어놓고 있는 사람들이 안타깝기 그지없다. "순종어가길이 관광자원으로 잘 활용되면 '번영의 길'이 가능하다"고 했지만, 숨을 구멍을 찾는 구차한 변명처럼 들린다. 정말 대구의 그 무엇과도 어울리지 않는 흉물이 아닐 수 없다. 이제라도 걷어내는 것이 마땅하다.

세 번째는 달성군 비슬산(포산)의 대견사(大見寺) 복원에 관한 왜곡이다. 일연비문(一然碑文)을 포함해 일연선사와 관련된 사료 어디에도 '대견사'란 말은 단 한 마디도 찾을 수 없지만, '일연선사는 대견사 초임 주지로 22년간 지냈다'고 밝혀두었는데, 일연선사는 대견사가 아닌 비슬산 보당암(寶幢庵)과 묘문암(妙門庵), 무주암(無住庵)에서 일정 기간 머무른 것이며, 보당암이 훗날 대견사로 바뀌었다는 지자체의 주장은 어떤 근거도 찾기 어렵다. 이상한 '일연팔이'를 하고 있는 것이다. '보당암 = 대견사'라는 억지스러움이 아니어도 비슬산과 일연선사의 가치를 높이고, 우리 것으로 만들 수 있는 감동적 콘텐츠는 얼마든지 나올 수 있다. 당시 언론들은 '달성군은 대견사 중창을 추진하면서 관련 전문가들에게 검증 절차를 제대로 거치지 않은 것은 물론, 대견사 복원사업과 관련, 달성군이 너무 성급하게 사업을 추진한 것이란 지적도 제기되고 있을 뿐 아니라, 관련기관과 공식적인 협의를 갖지 않은 것으로 알려졌다'고 일제히 보도했다. 그런데도 무슨 힘을 받아 대견사가 복원되고, 억지스럽게 일연스님을 그 절의 초임 주지로 주저앉혀 버린 것일까. 역시 어이없는 일이 아닐 수 없다. 진심으로 다시 한번 성찰해 볼 필요가 있다고 생각한다.

디자이너 하라 켄야(原研哉)는 '일본과 일본의 미래 가능성'에 관해 쓴 책, 『저공비행』에서 '물론 문화란 소비재처럼 사용한다고 사라지지 않는다. 문화를 계승하는 사람들의 감성 근간에는 꺼지지 않는 불씨와 같은 것이 있어 마음만 먹으면 재현할 힘을 지닌 유전자와 같다. 아시아를 포함한 세계 문화의 다양성에 공헌하고 풍요롭게 빛나게 할 자원을 자국 문화에서 찾아내 미래 자원으로 활용할 때가 도래했다'고 말했지만, 대구시민의 입장에서 바라보면 계승과 재현, 활용의 길이 많이 막혀있음에 놀라지 않을 수 없다.

5. 박물관에 거는 기대

새로운 아시아가 떠오른다. 서구의 시선이 아닌 우리 스스로의 시선. 혹은 인류의 근원적 일치라는 관점에서 아시아를 바라보자. 전 세계는 아시아에 진지한 관심을 쏟고 있다. 수많은 다양성, 자원, 개발도상국의 잠재력, 동북아의 문화 그리고 독재와 폭거에 이르기 까지. 아시아라는 개념이 우리 자신에게 보다 유의미하게 작동하려면 내부에서 주체적으로 아시아와 아시아 국가간 관계 등에 대해 더욱 활발하게 연구하고 논의하며 서로의 이야기를 들어야 하지 않을까. 이러한 과정을 충분히 거친 후에 다시 정의될 아시아는 우리가 이제까지 막연하게 알고 있다고 생각했던 아시아와 많이 다른 모습일 지도 모른다.

"우리는 역사를 만드는 사람이 아닙니다. 우리는 역사에 의해 만들어졌습니다"는 마틴 루터 킹 주니어의 말과, '오늘을 이해하려면, 어제를 연구해야 한다'는 소설가 펄 벅여사의 말에 한 번 더 주목하면서, 한 시인의 말을 인용한다.

'우리가 젊은이들에게 가르쳐야 할 것이 빵 굽는 법이나 컴퓨터 기술처럼 실용적인 일만은 아닐 것입니다. 인간을 사랑하고 세상을 이해하는 방식이 생각보다 많음을 일러주었으면 합니다. 젊음의 동력을 키우는 방법 하나가 상상력을 키우는 것임을 부인할 사람은 없을 것입니다. 그런 점에서 박물관은 이상적인 학교입니다. 문화와 청춘의 접점을 어떻게 더 늘려갈 것인가를 고민해야 할 때입니다. 젊은이

들로 하여금 바른 역사를 만나는 것이 얼마나 위대한 수업인지를 경험케 했으면 좋겠습니다.'

그 어디에서든 문화의 잠재력은 이렇게 자라나는 것 아닐까.

중국 베이징의 도시문화와 공간, 장소
- 후퉁(胡同)을 중심으로 -

최경호*

1. 세계에서 가장 아름다운 도시, 베이징

이탈리아의 여행가, 마르코 폴로는 베이징[1]을 "세계에서 가장 아름다운 도시"로 찬미한 바 있다. 또한 현대 중일 양국의 건축사들이 쓴 『베이징 - 도시공간을 읽는다』(陳内秀信 外編, 鹿島出版會)란 책에서는 베이징의 공간 구조에 대한 특색에 대해 다음과 같이 서술하고 있다.

---

* 영남대학교박물관 학예연구원
* 이 글은 <『민속학연구』 제16호에 게재된 「중국 베이징의 '역사문화도시' 재건을 둘러싼 논쟁과 그 딜레마」, 2005.>를 수정·보완하였다.

1) 지명과 인명은 가능한 중국 한어 표준 발음에 맞추어 표기하는 것을 원칙으로 한다.

"이 지상세계에서 이만큼이나 명쾌한 공간 구조를 보여 주는 도시가 달리 있을까. 견고한 성벽은 정확히 볼록형(凸形)을 이루고, 유리빛 기와가 포개진 자금성이 한가운데에 놓여 있다. 그 바깥쪽을 황성(皇城)이 둘러싸고, 더욱이 내성(內城)이 황성을 감싸는 포개짐 형태의 구조이다. 도로는 동서·남북으로 일직선을 이루어 정연하게 뻗어 있고, 푸른 하늘 밑은 어디든 멀리 바라보인다. ⋯ 하늘에서 보고 생각해 낸 듯한 계획도시가 생겨난 한편으로는, 발 밑에는 유기적으로 살아 숨 쉬는 도시가 보였다 안 보였다 하며 이어진다. 베이징은 그 두 가지, 즉 '규칙'과 '불규칙', '대칭'과 '비대칭', 나아가 '인공'과 '자연'이 멋지게 공존하며 이루어진 도시라고 할 수 있다."(후지이 쇼조 2002: 17)

베이징은 세계에서 가장 크고 개방적인 도시 가운데 하나였으며, 세계 각국의 수많은 사람들을 매료시켰다. 분명 '인공'과 '자연'이 멋지게 조화를 이루며 형성된 궁전들이 관광객들을 끌어들이는 것은 분명하지만, 베이징의 진정한 매력은 오히려 보통사람들에게서 나오며 거리와 골목골목의 아기자기한 살아가는 모습에 있다(린위탕 2001: 11). 즉 베이징의 아름다움은 오랜 세월에 걸쳐 형성된 불가사의한 매력에서 찾아볼 수 있다.

이처럼 불가사의한 매력을 지닌 베이징은 1949년 중국에 중화인민공화국이 수립된 이후 사회주의 체제하에서 특수한 도시화 과정을 겪게 된다. 중국의 도시화 과정의 특징은 일반적인 의미에서의 경제발전 혹은 산업화에 따라 이루어졌다기보다는 주로 국책의 영향 하에서 인위적으로 이루어졌다는 데 있다(김종범 2000: 68). 중국의 국가정책은 한편으로는 직접적으로 다른 한편으로는 경제, 산업화 등을

베이징성 중축선의 북단, 고루(鼓樓)에서 내려다 본 풍경:
멀리 보이는 베이징성 바깥의 고층빌딩군과 가까이 보이는
베이징성 안의 전통적인 공간의 모습이 대조적이다.

통하여 간접적으로 도시화의 진전에 영향을 미쳤다. 중국 공산당은
중화인민공화국 건국 전야에 '소비도시를 생산도시로 전환하여야 한
다'는 전략적인 계획안을 제출하였으며, 이를 중화인민공화국 도시정
책의 근본 원칙(김종범 2000: 70)으로 삼은 바 있다.

한편 1950년대에는 거대 규모의 도시를 지양하는 정책을 실시하였
으며, 1978년 개혁개방 이후 1980년대에 '대도시의 규모를 엄격히 통
제하고 중등도시를 합리적으로 발전시키며 소도시2)를 적극적으로

---

2) 비농업인구를 기준으로 대도시는 50만명 이상, 중도시는 50-20만명, 소도시는

발전시키자'라는 정책을, 1990년대에는 '대도시의 규모를 엄격히 통제하고 중등도시와 소도시를 합리적으로 발전시키자'라는 도시 발전 정책을 실시하였다(高尚全·王梦奎·禾村外 1993: 1031). 이러한 정책은 한편으로는 대도시의 성장을 억제하는 작용을 하고 다른 한편으로는 중소도시의 발전을 촉진하는 역할을 하게 되었다.

전체적으로 볼 때 중국은 중화인민공화국이 성립된 이후 여러 가지 도시화 관련 정책과 제도 하에서 비교적 더딘 도시화 과정을 거쳤다고 볼 수 있다. 이처럼 더딘 도시화 과정은 상대적으로 중국 도시의 공간 구조가 비교적 옛 모습을 많이 간직할 수 있게 해 주었다. 최근 들어 각 도시들의 급격한 발전 속에서, 중국 정부는 베이징과 같은 고도(古都)에 대해 '역사문화도시'의 이미지를 만들어가고자 하는 노력을 기울이고 있다.

이러한 움직임은 1980년대 중반 이후 강조되어 온 중국 정부의 '사회주의 정신문명' 건설의 일환으로 보인다.[3] 1980년대 중반 이후 중국에서는 중국의 현대화 건설, 경제·정치 체제 개혁을 둘러싸고 서구의 선진적인 사상·문화 그리고 기술을 도입해야 한다는 분위기가 생겨났다. 이 분위기에 편승해서 서구 문화와의 교류와 접촉이 빈번해졌고, 이 과정에서 중국 문화의 한계와 위기를 느낀 학자들을 중심으로 중국문화에 대해 반성하고 비판하고 개조하자는 풍조가 대

20만명이하이다.

3) 이와 관련하여서는 김광억(1993), 윤휘탁(2000)을 참조하라.

두하기 시작했다. 이러한 배경 하에서 '사회주의 정신문명' 건설은 당면 과제들을 해결하려는 중국 정부의 의도가 맞물리면서 제기되었다고 볼 수 있다. 즉 대외적으로는 종래의 서구적 관점에서 빚어진 전통문화의 비하 혹은 파괴 작업에 대한 반성과 아울러 전통문화에 대한 재해석을 통해 중국 민족의 주체성 확립과 자아실현을 모색하고 대내적으로는 인민의 도덕적·문화적 소질의 제고 및 인민의 사상 통제를 통해 불건전한 사회 병리 현상들을 척결하고 체제를 유지 강화하려는 중국 정부의 의도에서 비롯되었다(윤휘탁 2000: 97)는 것이다.

이러한 과정에서 유교적 문화 전통과 명·청시대의 공간이 여전히 많이 남아 있을 뿐만 아니라 전통적으로 문화와 교육의 도시로 대표되는 베이징은 중국 정부의 상술한 의도를 가장 집중적으로 실천하는 장이 되고 있다. 특히 지난 2002년 베이징시에서 '베이징역사문화도시보호계획(北京历史文化名城保护规划)'(이하 '보호계획')을 사회에 공표하였다. 이에 대해 각계각층의 전문가와 베이징시민은 물론이고, 베이징에 거주하는 외지인 혹은 외국인들은 많은 관심과 더불어 다양한 반응을 보이고 있다.

이 글에서는 우선 현대 베이징의 도시계획에 대한 역사적 접근과 21세기에 들어 등장한 '보호계획'의 내용에 대해 살펴본다. 그리고 중국의 '역사문화도시'에 대한 '보호'와 '개발'에 대한 몇 가지 관점 및 논쟁점을 살펴보도록 한다. 나아가 유사 이래 가장 완벽한 법제성 문건으로 많은 전문가들이 심혈을 기울여 만들었다고 선전하는 '보호계획' 내용의 취약점과 '보호' · '개발' 논쟁의 딜레마에 대해서 살펴보기로 한다. 이를 통해 필자는 '역사문화도시'의 재건에서 가장 중요한 요소는 무엇인가? 라는 근본적인 질문에 대한 답으로서, 유형적 요소인 전통 건축과 도시 경관의 보호와 개발 못지않게 무형적 요소의 중요성을 제기할 것이다. 즉 진정한 '역사문화도시'의 재건을 위해서는 베이징의 전통적인 공간에 존재하는 무형적 요소의 보호가 우선되어야 하고 이것이 전제되지 않은 '역사문화도시' 재건은 결국 실패할 수밖에 없다고 보는 것이다.

이 글에서는 무형적 요소 중에서도 특히 '장소감'과 '인민성'의 보호를 강조한다. 어떤 지역이 친밀한 장소로서 우리에게 다가올 때 우리는 비로소 그 지역에 대한 느낌 혹은 의식으로 '장소감(a sense of place)'을 가지게 된다. 일반적으로 공간은 움직임이며, 개방이며, 자유이며, 위협이다. 장소는 정지이며, 개인들이 부여하는 가치들의 안식처이며, 안전과 애정을 느낄 수 있는 고요한 중심이다. 인간은 직접적으로, 그리고 간접적으로 다양한 경험을 하며, 이러한 경험을 통하여 미지의 공간은 친밀한 장소로 바뀐다. 즉 낯선 추상적 공간(abstract space)은 의미로 가득 찬 구체적 장소(concrete place)가 된다(이-푸 투안: 1995: 7-8). 이와 함께 '인민성(人民性)4)'은 인민대중

---

4) 1999년, 중국의 유명한 문화인류학자인 페이샤오퉁(費孝通)이 베이징의 스차하이(什刹海) 지역을 답사한 적이 있다. 당시 그는 이 지역의 특색에 대해 설명하면서 베이징의 다른 지역에 비해 '인민성'이 농후하다고 강조하였다. 또한 이러한 특색을 잘 살려야지만 이 지역이 전통을 계승해나갈 수 있을 뿐만 아니라 관광지로서도 각광을 받을 수 있을 것이라고 주장하였다(『北京西城』 2002. 9. 28.).

성을 가리킨다. 즉 일반 주민들의 일상생활 속에서 드러나는 문화적 정체성을 의미한다. 베이징의 전통적인 공간에는 여전히 이러한 '인민성'이 농후하게 남아있어 이 지역의 외형적인 요소 못지않게 관광객들과 외지인들의 관심을 끌고 있는 것이 사실이다.

2. 현대 베이징의 도시계획과 '베이징역사문화 도시보호계획'

1) 현대 베이징의 도시계획

중국에서 도시계획의 역사는 서주(西周)시대까지 거슬러 올라간다. 하지만 도시계획이 하나의 과학으로서 중국에 도입되기 시작한 것은 20세기 초였다. 그리고 중화인민공화국 성립 전에 일부 수준 높은 도시계획이 입안된 바 있었으나 전란으로 인해 실행되지 못했다. 따라서 중국의 도시계획은 중화인민공화국 성립 후, 사회주의 경제가 발전함에 따라 많은 수의 신도시 건설과 기존에 있던 도시의 재건이 이루어지기 시작했다.

고도 베이징은 '해방5)' 전 전란의 소용돌이 속에서 많은 위기를 맞았다. 하지만 다행스럽게도 마오쩌뚱(毛澤東)이 이끄는 공산당군과 쟝제스(蔣介石)가 이끄는 국민당군은 모두 베이징의 전통 건축과 문화재 보호에 특별한 관심을 보인 것으로 나타난다. 1949년 초 베이징

---

5) 중국의 인민해방군에 의한 '해방'을 의미한다.

의 함락을 준비 중이던 공산당 중앙군사위원회에서는 베이징 안의 문화재 보호를 위해 별도의 지시 전문을 해당부대에 내려 보냈다. 그 전문의 내용에는 베이징성 안에 있는 고궁, 대학 및 기타 중요한 가치가 있는 문화유산을 파손하지 않도록 지시하고 그 구체적인 행동지침까지 하달하였다.[6]

또한 당시 베이징에 주둔하고 있던 국민당 최고위 장교 푸쭈오이(傅作義) 장군도 무력 저항을 포기함으로써 베이징을 마오쩌뚱이 이끄는 홍군(紅軍)에게 넘겨주게 된다. 이로써 베이징은 전화(戰火) 속에서도 '화평해방(和平解放)'을 맞을 수 있었다. 결국 1949년 10월

---

6) <중앙군사위원회의 북평(北平) 문화고성(古城)의 보호 문제에 관한 지시 전문>(1949年 1月 16日 18時)

林(林彪), 罗(罗荣恒), 聂(聂荣臻) :

① 성(城)을 공격하는 데 적극적인 준비를 하라. 이번 북평성 공격에 반드시 철저한 계획을 세워야 한다. 고궁, 대학 및 기타 유명하고 중요한 가치가 있는 문화유적을 파손하는 일이 없도록 철저한 계획을 세워라. 당신들은 각 예하의 수장들로 하여금 이 점을 분명히 하여 반드시 지키도록 하라. 적들로 하여금 그러한 문화기관들을 점거하도록 내버려두라. 우리가 그것을 공격해서는 안 된다. 우선 여타 다른 구역들을 점령한 이후에, 그러한 문화기관을 점거하고 있는 적들과 협상하거나 내부 분열의 방법을 이용해서 무장해제토록 하라. 설령 북평을 점령하는 시간이 오래 걸릴지라도 인내심을 갖고 이러한 식으로 접근하라. 이를 위해 성 안의 각 부분에 대한 정밀 조사를 하라. 공격이 가능한 지역과 공격이 불가능한 지역을 도표를 통해 설명함으로써 부대의 대장들로 하여금 숙지하도록 하라. 이런 까닭에 당신들은 반드시 북평성 공격부대의 대장 회의를 소집하여 정확한 지시를 내려라. 이런 까닭에 당신들은 각각의 공격 부대와 확실한 전화 연락을 통한 지휘체계를 확립하여, 전투 중에도 지휘와 감독이 이루어질 수 있도록 하라.

② 텐진(天津)의 공업과 문화 기관이 손실된 정황을 조사하여 전화로 보고하기 바람(北京市档案馆编 1988: 40).

1일, 30만 명의 군중을 앞에 두고 마오쩌둥은 베이징 텐안먼 성루 위에서 건국을 선언했다. 당시 장강 이남으로 쫓겨 내려간 국민당의 군인들은 여전히 희망을 버리지 않고 미제전투기로 베이징을 공습하려는 작전을 세우고 거기에 모든 희망을 걸고 있었다. 국민당 장군들의 거듭되는 요구에도 불구하고 쟝제스는 결국 공습의 명령을 하달하지 않았다. 이에 대해 당시 쟝제스는 자신이 항우(項羽)의 전철을 밟지 않기 위한 이유 때문이라고 밝힌 것으로 전해진다. 2천여 년 전 항우가 진나라를 함락한 후, 진시황이 건설한 화려한 궁전 '아방궁'을 불태웠다. 『사기』에 의하면 당시 난 불이 3개월 동안이나 꺼지지 않았다고 한다. 쟝제스는 이로 인해 후손들로부터 많은 비난을 받게 된 항우의 전철을 다시 밟을까 두려웠던 것이다(『中國情報网』 2002. 8. 20.).

옛 베이징성(老北京城)은 비록 전화 중에도 운 좋게 유지될 수 있었지만, '해방' 후 결국 도시 건설의 조류를 막지는 못했다. 1950년대에 이미 구소련의 '스탈린식' 도시건설사상의 영향으로 인해 베이징성은 대부분 철거되고 말았다. 성벽이 있던 자리는 현재 매일 차량의 흐름이 끊이질 않는 이환도로(이차순환도로)로 변하고 말았다. 속담 '리지오우 와이치 황청스(里九外七皇城四)'는 성문이 내성에 아홉 개, 외성에 일곱 개, 황성에 네 개 있다는 뜻이다. 따라서 베이징에는 원래 스무 개의 성문이 존재했다. 그런데 지금은 단지 텐안먼(天安門), 쩡양먼(正陽門) 그리고 더성먼(德勝門)만이 남아 있을 뿐이다(侯仁之·邓辉 2001: 144~151).

'문화대혁명' 시기는 베이징의 문화재와 문화유적이 가장 치명적으로 훼손되는 기간이었다. 특히 민간문화유산들은 더 많은 손실을 입게 된다. 1960년대 말, 홍위병(紅衛兵)들은 베이징의 전통 건축인 '스허위엔(四合院)'[7]의 각종 조각품과 문양 그리고 예술품들을 마구 잡이로 훼손하였다.[8] 1977년 '문화대혁명'이 끝난 직후인 1978년 말 중국공산당 11기 3중 전회에서 개혁개방방침이 공포된 후, 좌파 편향적인 지도사상이 교정되고 새로운 방침과 정책이 제정되면서 도시계획의 분야에서도 본래의 기능이 회복되고 빠른 발전을 거듭하여 새로운 단계에 들어서게 된다.[9]

이 시기에 들어서서 먼저, 정부 차원에서는 도시계획을 강화해야 한다는 강조가 이루어졌고, 도시계획의 성격에 대한 인식의 전환이 이루어졌다. 또한 일련의 도시 계획 법규의 제정이 이루어지기 시작했다. 개혁개방을 추진하면서 중국 정부는 꾸준히 도시계획법규의 수

---

7) 중국의 전통적인 가옥으로 주로 동북지방이나 베이징에서 볼 수 있다. 이에 대해서는 최경호(2003)를 참조할 것.

8) 또한 이때 '스허위엔' 본래의 공간 배치와 배수계통 등이 무너지게 된다. 설상가상으로 1976년에는 베이징 근처의 당산(唐山)에서 대지진이 발생하게 된다. 이때 지진에 대비하기 위해 이미 복잡한 '스허위엔'의 공간 안에 많은 '항진붕(抗震棚)'이 들어서게 된다. 계속되는 인구의 증가로 인해 이 '항진붕'은 가건물에서 영구적인 건물이 되고 말았다. 이렇게 훼손된 스허위엔을 오늘날 베이징 사람들은 잡원(雜院)이라고 일컫는다.

9) 또한 이 시기의 중국 사회에서도 전통문화를 연구하는 열기가 태동하기 시작하는 사회적 풍조가 생겨났다. 이를 중국에서는 '문화열(文化熱)'이라고 부른다. 이는 단순히 일시적인 학문적 유행에 그치는 것이 아니라, 유가 사상에 대한 재평가 및 중국 문화의 궁극적인 지향성, '21세기 중국인상'의 정립 문제로까지 이어졌다(윤휘탁 2000: 95에서 재인용, 李澤厚 1988: 73~80 참조할 것).

립을 추진하였다. 「도시계획법(中華人民共和國城市規劃法)」과 「도시편성지침(城市規劃編制办法)」은 모두 약 10년이란 기간 동안 반복적인 논의와 수정을 거쳤고, 이들은 각각 1989년 12월과 1991년 9월에 최종적으로 제정 발표되었다. 이외에도 다양한 법규가 만들어져 발표되었다. 이와 더불어 중국 중앙 정부와 지방정부에 도시계획 기구를 설치하였다.

중국 정부는 1979년 3월 국가도시계획건설총국을 새로 설립하였고, 1982년 5월 국무원에서 도시건설환경보호부를 설립하였으며, 국가도시건설총국을 이에 귀속시켜 도시계획국으로 개편하여 전국의 도시계획관리 사업을 주관하게 하였다. 도시계획을 국민경제사회발전계획과 긴밀히 결합하게 하기 위하여 1984년 7월부터 도시건설환경보호부의 도시계획국이 부와 국가계획위원회로부터 이중적인 영도를 받게 하였다. 현재 건설부 산하 도시농촌계획사(城乡规划司)가 도시의 계획을 주관하고 있으며 도시건설사, 촌진(村镇)건설사와 밀접한 연계를 맺고 있다. 각 지방 정부에도 상응한 기구가 설치되어 있는데 성, 자치구, 직할시 일급에서는 기본건설위원회 혹은 건설청에서, 도시 일급에서는 도시계획국 혹은 도시건설국에서 도시계획사업을 주관하고 있다. 많은 도시들에서는 시장을 책임자로 하는 계획위원회를 설립하였다. 예를 들면, 베이징시에는 시장을 주임으로 하고 국가계획위원회, 성시(城市)건설환경보호부문의 대표가 참가한 수도계획건설위원회[10]가 있다(김종범 2000: 307).

이와 더불어 도시계획을 편성하고 추진해나가기 시작했다. 상술한

바와 같은 전환과 더불어 도시계획의 편성과 심의 비준 사업이 전국
에서 보편적으로 전개되었다. 각 도시들은 모두 전체계획과 상세계획
을 제정하여 도시의 발전을 이루어 나갔다. 1985년 말 이미 도시의
98%와 현성(具城)의 85%에서 도시전체계획이 편성되었으며 이후에
도 계속적으로 수정과 보완이 이루어졌다(김종범 2000: 308).

2) 무대에 등장한 '베이징역사문화도시보호계획'

2002년 9월, 역사유적과 문화유산을 보호하기 위한 베이징시의 포
괄적인 계획이 국무원 산하 건설부에 의해 승인되었다. 베이징시에
따르면, 이번에 승인된 '보호계획'은 고대 왕조에까지 거슬러 올라가
는 역사문화유산을 보호하기 위해 베이징시가 취한 중요한 조치 중
의 하나이다. 이 '보호계획'은 베이징이 가지고 있는 정치 및 문화
중심 그리고 국제적으로도 유명한 고도의 특성을 이어나가기 위해
특히 구성의 보호에 중점을 두고 있다.

법률에 근거11)하여 오랫동안 준비된 이 계획은 베이징시의 3천년

---

10) 1983년 국무원에서 「베이징도시건설전체계획방안(北京城市建设总体规划方案)」
을 비준함과 동시에 수도계획건설위원회가 성립되었다. 위원회의 기본 임무는
수도계획건설의 강화와 실력 있는 다양한 조직 간의 협조 체계를 더욱 강화하
는 데 있다.
11) '보호계획'은 아래와 같은 법률적 근거를 바탕으로 만들어진다.
『中华人民共和国城市规划法』(1989年 12月)
『中华人民共和国文物保护法』(1982年 11月通过 , 1991年 6月修改)
『中华人民共和国文物保护法实施细则』(1992年 5月)
『北京市文物保护管理条例』(1987年 6月)

역사상 가장 중요하고 포괄적인 문화 보호 계획으로서, 해당 계획안은 승인을 받은 후에 원안 그대로 일반 대중에게 공표되었다. 구체적인 시행 일자는 정해지지 않았지만, 베이징시 도시계획위원회에 따르면 이 계획은 머지않아 실행될 것이라 한다(『北京晩報』 2002. 9. 24.).

도시계획위원회의 담당자에 따르면, '보호계획'을 통해 베이징시가 현대화됨에 따라 발생하는 근본적인 딜레마, 즉 지속적으로 미래를 건설해나가는 한편 과거를 보호해야 한다는 필요성, 그리고 발전에 대한 요구와 문화에 대한 요구의 균형을 맞춰야 한다는 문제의 해결을 시도하고 있다. '보호계획'에서는 전통적인 베이징성의 총체적인 보호를 위해 ① 고대 및 중세 도시의 수로체계, ② 전통적인 중축선, ③ 명·청대 황성, ④ 구성의 '철(凸)'자형 성곽, ⑤ 도로 및 골목(街巷胡同), ⑥ 건축고도 제한, ⑦ 가도(큰길)의 대경(對景), ⑧ 도시 경관선, ⑨ 건축의 형태와 색채 그리고 ⑩ 오래된 수목 ⑪ 전통적인 지명 ⑫ 전통문화·상업 등과 같은 각 분야에 따라 상세한 보호 요건을 부여하고 있다(『北京晨報』 2002. 9. 19.).

'보호계획'을 입안한 전문가들은 오래된 유물을 보존하고 복원하는 것은 당대의 책임이며 역사는 새로운 베이징시를 건설함에 있어

『北京市文物保护单位范围及建设控制地带管理规定』(1994年)
『北京城市总体规划(1991 - 2010年)』
国务院关于『北京城市总体规划』的批复(1993年 10月)
『北京旧城历史文化保护区保护和控制范围规划』(1999年 4月)
『北京市区中心地区控制性详细规划』(1999年 9月)
『北京25片历史文化保护区保护规划』(2001年 3月)

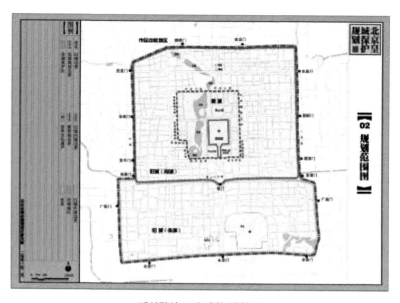

베이징성 보호계획 범위도
출처: 베이징시도시계획위원회 인터넷 홈페이지(www.bjghw.gov.cn)

서 필수 불가결한 기초이자 자원이라고 입을 모은다. '보호계획'에는
이미 1차로 확정된 25곳의 역사문화보호구역을 기초로 하여 추가로
15군데의 역사문화보호구역을 지정하였다. 따라서 베이징에는 모두
40군데의 역사문화구역이 선정되어 각각 그 특성에 맞는 보호 계획
을 실행해 나가려 하고 있다. 선정된 40군데의 역사문화구역 중 30군
데가 구성(旧城)¹²⁾ 내에 있다. 이 30군데의 구역과 구성 내에 있는

---

12) 구성은 명대(1368-1644)와 청대(1644-1911)에 걸쳐 형성된 지역을 말하며, 원래
성곽과 '후청허'(垓字)가 있었던 이환도로(2차순환도로) 이내의 구역으로 그 면
적이 총 62.5평방키로미터에 달한다.

기타 200개의 유적지 면적을 합하면 총 2,617헥타르에 달하는데, 이는 곧 구성의 42%가 보호 구역에 해당된다는 것을 의미한다.

'보호계획'에 따르면, 구성 내의 신축 또는 건물의 높이를 제한하고 있으며, 또한 모든 종류의 건축물에 대하여 전통적인 청록색 및 회색의 색상과 물매진 형태의 지붕을 갖추도록 요구하고 있다. 이 계획은 또한 베이징 시내 및 외곽에 있는 강과 호수를 이전의 상태로 회복하기 위해 강 및 호수에 대한 보호에도 초점을 맞추고 있으며, 전통적인 거리 및 골목길 역시 보호 대상으로, 허가 없이 임의로 변경하지 못하게 하고 있다.

도시계획위원회에 따르면, 시정부는 몇몇의 다른 보호 규정을 입안하고 있는 중인데, 이 규정을 통해 역사 문화유산에 대한 보존 조치가 법률의 보호를 받게 될 것이라고 한다. 베이징에는 현재 총 200만 평방미터에 달하는 다양한 수준의 역사 유적지가 약 3,550개 정도 있다. 이 중 만리장성, 이화원, 천단공원 등과 같은 일부 유적지는 '세계 문화유산' 목록에 올라 있다. 이에 대해 베이징의 역사전문가들은 전통을 존중하는 활기 넘치는 도시, 시정부가 문화유산 보호에 중요하고 의미 있는 노력을 경주해 오고 있는 도시를 보게 된 데 대해 기쁘다고 말하고 있다.

베이징시정부에서는 백탑사(白塔寺), 역대제왕묘(歷代帝王廟) 및 원·명대의 도시 성곽을 비롯한 거의 100여개의 역사 문화 유산을 수리하고 개조하기 위해 지난 3년 동안(2002년 기준) 330만 위엔(약 4,000만 달러)를 책정하여 운용했다. 여기에 더해 베이징시정부는 베이징시 전역에 걸쳐 있는 100여 곳의 사적지를 수리하고 개선하기 위해 2003년에서 2008년까지 600만 위엔(약 7,260만 달러)을 별도로 할당할 계획(『China Daily』 2002. 10. 8.)이다.

3. 고도 베이징의 '역사문화도시' 재건을 둘러싼 논쟁과 그 딜레마

1) '보호' · '개발' 논쟁과 보호구역 주민들의 현실적 요구

"작금의 베이징은 공사 중"이라는 말이 대변해 주듯 베이징은 대수술을 감행하고 있다. 해마다 10월 1일 건국기념일을 앞두고 베이징에서는 대청소와 단장으로 분주한 모습을 볼 수 있었다. 1990년대 후반에 들어서는 베이징에서 일 년 열두 달 동안 이런 모습을 볼 수 있다. 기존에 있던 베이징 시내의 거리가 어느 날 사라지기도 하고, 없던 길이 뚫려 개통되기도 한다. "일 년 전에 구입한 베이징 지도를 들고 거리를 다니면 분명 낭패를 볼 것"이라는 베이징 토박이들의 한탄이 결코 과장만은 아니다.

'보호계획'이 무대에 오른 후, 베이징에 관심을 가진 중국인들과 베이징에 살고 있는 외국인들의 목소리도 들리기 시작했다. 이러한 목소리는 다양한 톤과 색깔로 나타났다. 크게 '옛 베이징의 전통을 보호해야 한다'는 보호옹호론자의 목소리와 '도시는 신진대사를 필요로 한다'는 개발옹호론자의 목소리의 톤이 확연하게 갈리며, 그 각각의 목소리는 다양한 색깔로 분류된다.

기자이자 유명한 소설가인 리우이다(刘一达)는 2001년 11월 17일 자 '베이징완빠오(北京晚报)'[13])에 베이징 황성의 보호와 관련한 주제의 기사를 쓴 적이 있다.[14]) 이 기사가 나간 후 그 반향은 의외로 컸다. 베이징에서 대학을 다닌다는 장지엔(张健)은 이 기사를 읽고난 후 바로 이 신문에 다음과 같은 글을 투고하였다.

> 나의 전통 베이징문화에 대한 애정은 말로 표현할 수 없다. 그리고 나는 일단의 젊은이들이 서방문화를 추구하는 것을 이해할 수가 없다. 그들은 단지 지식은 있되 문화는 없는 것으로 보인다. 한가하면 나는 곧장 후통(胡同)[15])을 거닐거나 고궁에서 일하는 삼촌을 찾아가 베이징의 정감을 느낀다. 하지만 요즘 후통이 파괴되거나 소실되는 것을 보면 가슴이 아프고 눈물이 흘러 마치 친척을 잃어버린 듯 참을 수 없다. 베이징의 문화는 보호되어야 하고 고도(古都)의 품격을 유지하기 위해 무엇인가 해야 한다(『北京晚报』 2001. 12. 1.).

이에 반해 약 한달 전인, 10월 18일에 베이징 시민 우환지아(吴焕加)는 다음과 같은 글을 '베이징완빠오'에 게재한 바가 있다. 즉 그는

---

13) '베이징완빠오'(베이징석간신문)는 베이징지역에서 발행부수가 가장 많은 신문에 속한다. 베이징 시민들은 대개 가판에서 이 신문을 구입한다. 오후 5시 경, 시내 곳곳의 가판대에는 '베이징완빠오'를 구입하기 위해 시민들이 줄을 서는 진풍경이 연출된다.

14) 이 기사는 베이징의 전통적인 공간을 보호해야 한다는 당위성을 일반적인 논리로 기술한 내용일 뿐이다.

15) 원나라 때부터 베이징성에 형성되기 시작한 전통적인 골목을 일컫는다. 이에 대해서는 최경호(2003)를 참조 바람.

'도시는 신진대사를 필요로 한다'란 제목으로 다음과 같은 주장을 펼친 바 있다.

> 사물의 발전은 일정한 규칙이 있다. 예전의 것은 그 당시 현실에서는 합리적인 것이지만, 시간이 지남에 따라 그것은 오히려 불합리한 것으로 변하게 된다. 그리하여 새로운 것이 출현하게 된다. 베이징의 옛 성(旧城) 또한 이러하다. 베이징에 새로운 것이 출현했다고 해서 가슴 아파할 이유는 없다.
>
> '스허위엔'은 이미 대부분이 낡았고 대잡원(大雜院)으로 변했다. 거주조건 또한 매우 열악하다. 그렇다고 해서 우리는 낡은 '스허위엔'을 허물고 새로운 '스허위엔'을 지어서는 안 된다. '스허위엔'의 형식은 이미 현대 중국인의 거주 환경에 적합지 않기 때문이다.
>
> 문화에 대해서 얘기하자면, 문화 또한 한번 생기면 변하지 않는 것이 아니다. 전통문화 또한 새로운 문화가 있기 마련이다. 현재의 문화는 다원화의 국면을 나타내고 있다. 건축 또한 이와 같으며, 도시의 경관 또한 이와 마찬가지다. 철거해야 할 것은 철거해야 한다. 가슴 아파할 일만은 아니다(『北京晚报』2001. 10. 18.).

위 두 사람의 견해는 현저한 차이를 나타내고 있다. 명확한 결론을 내릴 수 없는 상황에서 대개의 베이징사람들도 두 사람의 논리와 비슷한 의견을 제시할 수밖에 없는 것이 현실이다. 여기서 장씨의 관점은 고도 베이징성이 전통적인 고도의 품격을 유지해야한다는 것이다. 이를 위해서 베이징의 현 상태를 보호하고 고도의 품격을 유지하기 위해서는 어떤 모종의 조치를 취해야함을 역설하고 있다. 하지만 장씨의 주장은 다분히 감성적인 부분이 많다. 즉 현실적 대안과 구체적

철거 전의 스허위엔

철거 후의 스허위엔

제3장 중국 베이징의 도시문화와 공간, 장소

재건축된 스허위엔

    계획을 제시하지 않고 있다. 이에 반해 우씨는 문화의 변화를 역설하면서 이미 구시대 유물이 되어버린 스허위엔과 같은 전통적인 요소는 더 이상 베이징에 의미가 없다고 외친다. 다원화 시대에 건축이나 도시의 경관도 다원화되어야 마땅하다는 것이다. 그의 이야기는 논리적이고 이성적인 측면이 있어 보이지만 급진적이고 비약이 심하다. 즉 그의 논리에 따르면 현대 사회에서 전통적인 요소는 지속성은 없고 변화만 있는 것으로 보인다.

    '보호'냐 '개발'이냐라는 주제의 논의에서, 우리는 위에서 제시된 두 가지 관점 중 어느 한 쪽으로의 선택을 강요할 수는 없다. 왜냐하면 '보호'와 '개발'이란 선택은 그것 자체가 어떤 적절한 선에서 끊임

없이 행해지는 하나의 문화적 과정이고 그 과정에서 어느 한쪽을 선택하기란 여간 쉬운 문제가 아니기 때문이다. 예컨대 전통적인 베이징성의 경관을 보호하기 위해 현재 존재하는 잡원을 허물고 새로운 스허위엔을 짓는다면 그것은 보호라는 관점에서 볼 것인가 아니면 또 하나의 개발이라는 관점에서 볼 것인가? 외부적 관점에서는 이런 문제에 대해 구체적인 해답을 구하기는 쉽지가 않다.

다음에는 '보호계획'에 포함된 역사문화구역에 살고 있는 주민들은 '보호'와 '개발'에 대해 어떤 생각을 하고 있고 그들의 현실적 요구는 무엇인지에 대해 살펴보기로 하자. 필자는 중국에서의 유학기간 중, 2000년부터 2002년까지 약 3년에 걸쳐 베이징에서도 '인민성(人民性)'이 가장 농후하게 남아있다고 평가되는 스차하이(什利海)지역을 현지조사한 바가 있다. 이 지역은 '보호계획'의 보호 대상인 역사문화구역에 포함된 지역이다. 이곳은 베이징에서도 전형적인 스허위엔과 후퉁이 많이 남아있을 뿐만 아니라 그 속에는 여전히 베이징토박이(老北京人)들이 자신들의 일상생활을 즐기면서 살고 있다. 이들은 대개 이러한 공간에서의 자신의 삶에 대해 이중적인 태도를 보인다. 즉 하나는 여전히 중국 최고의 문화도시인 베이징의 중심에서 살고 있다는 자부심이고 또 다른 하나는 인구밀도가 높고 슬럼화되어 이제는 '하찮은' 공간으로 바뀌어 버린 공간에서 궁핍하게 살아가고 있다는 박탈감이다. 이 지역은 특히 '보호계획'을 실행하는 데 있어서 보호 절차의 합목적성을 시험할 수 있는 적절한 곳으로 분류되고 있기도 하다.

독거노인으로 잡원 안의 단칸방에서 살고 있는 류위친(여, 1935년생)은 불편한 몸으로 돌봐 주는 사람이 없어 이제는 편안한 공간에서 살고 싶어 한다. 그녀의 입장에서는 자신이 거주하는 공간에 대한 '보호'와 '개발'의 논쟁에는 별 관심이 없다. 베이징인이라는 자부심보다는 궁핍한 삶의 현실에서 벗어나고 싶다는 한탄이 더 앞서는 것이다.

> "이렇게 낡은 곳을 두면 뭐 하겠어요. 빨리 허물고 새 집을 지어야지. 불편해요. 불편해! 제발 이제 연탄 안 갈아도 되고… 보일러 나오고 화장실 있는 집에서 살고 싶어요. … 이젠 몸도 불편하고 해서 이런 지긋지긋한 곳에서는 안 살고 싶어…"

하지만 그녀는 정작 자신의 집이 철거될 경우 보상을 얼마나 받을 수 있는지, 어디로 가야할지 그리고 어떻게 살아야 할지에 대해 걱정하고 불안해했다. 결국 그녀는 현재 자신이 살고 있는 지역에서 살다가 죽고 싶다고 얘기했다. 그녀의 처지에서는 다른 곳으로 이주해서 산다는 것이 그저 막막할 뿐인 것이다.

자신을 진짜 베이징토박이라고 소개한 만주족 허라오(남, 1936년생)는 스차하이 지역에 있는 옛 인민대학 출판사 숙소에서 살아왔다. 이 숙소는 철거가 결정되어 2002년 11월 3일까지 주민들에게 퇴거를 명하였고 대부분의 주민들은 이미 이 숙소에서 퇴거를 한 상태였다. 하지만 허라오는 이주할 공간을 찾지 못하여 필자가 찾은 2002년 11월 8일에도 여전히 퇴거를 하지 못하였다. 이 숙소의 거주권자는 원래 허라오의 장인으로 되어 있었고 장인이 죽고 나서 그 거주권이 부인이나 자신에게 넘어오지 않았기 때문에 철거에 대한 보상비가 매우 미미하였고 이런 이유로 그는 아직도 이주할 공간을 찾지 못하고 있는 것이었다. 허라오는 이 점에 대해 매우 분노하면서 자포자기하고 있었다.

> "개발도 좋지만, 이 집을 철거하고 나면 우리는 방법이 없어요. 한달에 생활보장비로 700원을 받아서 우리 부부 그리고 하나 있는 자식(고등학생), 이렇게 세 명이 입에 풀칠하면서 겨우 살고 있어요. 지금 내가 어디서 돈을 빌릴 수 있는 처지도 아니고 아무 것도 가진 것이 없는 우리가 지금 어디로 이사를 갈 수가 있겠어요? 우리가 받을 수 있는 보상비로는 어림도 없을 것 같아요."

그는 어린 시절부터 이 지역에서 살아오면서 말년에 이런 처지가 된 것이 못내 답답한 눈치였다. "지금 우리 같은 베이징토박이들이 이 지역에 얼마나 살고 있는지 모르겠어요."라며 현재 이 지역에서 토박이들보다는 외지인들이 점점 늘어나고 있는 추세에 대해 개탄을 하였다. 그의 표현을 빌면 이 지역에 외지인이 차지하는 비율이 이미 50%가 넘어섰다고 한다. 따라서 이제는 집을 나서도 예전처럼 자신이 갈 만한 공간이 없다고 한다. 그에 따르면 예전에 지역 주민들이 모여서 놀던 장소는 관광객들이 몰려 있거나 외지인이 만든 카페가 점유하고 있어 지역 주민들의 일상적인 활동이 예전에 비해 많이 축소되거나 사라지고 있다고 했다.

이들에 비해 상대적으로 젊고 경제적 능력도 갖춘 베이징토박이들은 '보호'와 '개발'에 대한 관점을 매우 적극적으로 제시하고 있다. 얼마 전 자신이 운영하던 식당이 철거지역으로 분류되어 철거된 후, 스차하이 지역으로 이사 와 찻집을 운영하고 있는 캉웨이퉁(남, 1968년생)도 몇 대에 걸쳐 베이징에 살고 있는 전형적인 베이징토박이다. 그는 경제적으로 비교적 안정된 축에 속한다. 현재 그는 가게가 딸린 조그만 스허위엔에서 단독 세대로 살고 있다.

> "난 현재 이 상태로 이 지역을 보존해야 한다는 생각엔 반대합니다. 지금 현재의 스허위엔과 후퉁에서 무슨 베이징의 문화와 역사를 논할 수 있겠어요? 원래의 베이징의 후퉁은 지금의 모습과는 사뭇 달라요. 지금의 모습은 '해방' 후에 형성된 모습이죠. 이건 빈민굴이지…. 만약에 당신이 이곳에 잠시 머물고는 싶겠지만, 평생 이곳에 살라고 하면 아마도 생각을 달리 할 겁니다. … "

그의 신념은 확고하다. 잡원으로 변해버린 스허위엔과 위험한 담벼락으로 구성된 후퉁은 부끄러움의 대상일 뿐 그곳엔 이미 문화가 존재하지 않는다고 말한다. 그에 따르면 현존하는 모든 스허위엔과 후퉁을 보존할 필요는 없고 가치가 있는 것만 선별하여 보존하면 된다는 것이다. 또한 지금 현 상태에서 이 지역에 외국인 관광객들이 들어와 그 속에 사는 사람들을 호기심어린 눈으로 바라보는 것은 참으로 못 마땅하다고 자신의 속내를 털어 놓는다.

실제 이 지역에서 살고 있는 주민들 중에서 자신들이 사는 지역을

복원된 용딩먼(永定門)

현재 존재하고 있는 그대로의 모습으로 보존해야 한다고 주장하는 사람은 만나기가 힘들다. 대부분의 주민들은 정도의 차이는 있지만 일상생활에서 느끼는 불편함에 대한 개선이 어떤 방식으로든 이루어져야 함을 우선적으로 제기한다. 즉 무책임한 '개발'보다는 '보호'를 통한 점진적인 개선을 희망하고 있는 것이다.

2) '보호'의 문화 원형에 대한 논쟁과 그 딜레마

현재 베이징에서는 '전통문화를 어떻게 보호할 것인가' 혹은 '전통문화요소의 원형에 대한 기준을 어떻게 정할 것인가'란 문제에 대해 많은 논쟁이 일고 있다. 이러한 논란은 중축선의 최남단인 용딩먼(永

산옌징후퉁

定門)의 복원계획과 청대에 형성된 '산옌징후퉁(三眼井胡同)'의 재
건축계획과 얽혀서 파생되기 시작했다.

경산공원(景山公園) 동쪽 편에 위치하고 있는 '산옌징후퉁'은 과
거의 원형을 복원한다는 명목으로 기존의 잡원(雜院)을 허물고 전통
적이고 단아한 형태의 '스허위엔'을 짓고 그 안의 시설은 현대식으로
한다는 계획을 세우고 있다. 예를 들면, 주택에서 천연가스를 사용할
수 있게 하고, 이 지역에 100대의 차를 주차할 수 있는 공용주차장을
만든다는 식이다. 이를 통해 이 지역을 경산공원과 연계하여 하나의
관광벨트로 만들겠다는 계획이다(『中国日報』 2003. 2. 22.).

이에 대해 베이징의 유명한 '수도(首都) 고문화(古文化) 방면의 보
존 전문가'인 화신민(华新民)은 "'산옌징후퉁'이 하나의 모조품으로

전락해 버리는 것이 아닌지 모르겠다"고 말한다. 또한 "각각의 후퉁은 그 나름대로의 특수성이 있다. 이런 식으로 대규모의 재건축을 통해 획일화 하는 것은 바람직하지 않다"고 강조한다(『中国日报』 2003. 2. 22.).

용딩먼은 1950년대 성벽을 철거하면서 함께 역사 속으로 사라져 버린 유적이다. '보호계획'에 따르면 베이징시 중축선 보호의 일환으로 용딩먼의 성루를 복원한다는 계획을 밝히고 있다. 이에 대해 전문가들 간에도 이견이 많은 것으로 알려지고 있다.

다음은 2002년 베이징시 정치협상회의에서 용딩먼의 복원에 관한 논의를 하던 중 오고 갔던 격렬한 말싸움이다.

> **문화전문가:** 나는 용딩먼의 중건을 반대합니다. 복원한다 하더라도 그것은 가짜 유적에 불과합니다.
>
> **학자:** 하지만, 복원하는 것이 하지 않는 것보다는 낫잖아요? 용딩먼은 너무 중요해요. 베이징시의 중축선의 남단입니다. 그것을 복원하지 않으면 중축선은 곧 불완전함 그 자체예요(『北京晨报』 2002. 9. 15.).

'오래된 것과 낡아빠진 것'은 원형과는 다르며, 일정한 역사시기의 의미가 있는 것을 원형이라고 했을 때 현재 베이징의 낡아빠진 고물과 다를 바 없는 민간 전통 가옥은 대 수술이 필요하다고 설파하는 사람들이 있다(『中国文物报』 2002. 8. 31.). 반면에 명·청시대의 전통 사합원의 재건축이나 당시의 유적을 복원하는 것은 박물관을 만드는 것과 같은 것이며 이는 현재 살아 숨 쉬는 전통의 공간을 화석

화시킨다고 보는 이들도 있다(『中国文物报』 2002. 8. 31.). 이런 가운데 낡은 전통 가옥을 허물고 그곳에 새로운 전통 가옥을 짓는 식이나, 이미 사라져 버렸지만 역사적 가치가 있다고 판단되는 상징물을 새로 복원하려는 움직임이 대세를 장악하고 있다. 정책입안자들의 경우에 있어서, 이러한 방식의 선택은 국가 주도 차원에서 진행되는 '역사문화도시' 재건의 성과가 바로 눈앞에 재현될 수 있다는 측면에서 매우 매력적으로 보일 것이다.

위에서 살펴본 바와 같이, '개발'과 '보호'에 대한 논쟁 그리고 '보호'의 문화원형에 대한 논란은 매우 무성하게 진행되고 있는 반면 정작 '역사문화도시'의 재건에서 가장 중요한 문화적 정체성, 즉 이를 담지하고 계승해 나가는 지역 주민들의 보호에 대한 논의는 없었다. 하지만 최근 들어 그동안 '보호'와 '개발'의 논의 과정에서 가려져 있었던 무형문화재의 보호나 지역 주민들의 전통적인 일상생활을 보호하자는 주장도 제기되고 있다.

중국문물국(文物局)에서 발행하는 소식지, 『중국문물보(文物报)』(2002년 8월 31일자)에서 순링(孙玲)이란 사람은 자신의 글을 통해 이러한 국가 주도의 '역사문화도시' 재건의 과정에서 발생하는 여러 가지 모순점에 대해 지적하고 있다. 그는 오래된 건축을 철거한 후 새로운 전통식 건축을 짓는 방식에 대해 비판을 한다. 특히 '인민성'이 강한 스차하이보호구(什利海保護區)를 예로 들어, 이 지역에 이런 건축들이 더 많이 생길 경우 지역의 특색과 더불어 그 속에서 살아가는 주민들의 전통적인 생활방식이 사라지고 말 것이며, 나아가서는 결국 그 속에 살아 숨 쉬는 영혼이 죽어버릴 것이라고 우려한다. 그는 비록 새로 지은 전통 가옥이 보기에도 좋고 품격이 있어 보이긴 하지만 다음과 같은 세 가지 심각한 문제가 존재한다고 지적한다.

첫째: 원주민들이 거주하는 작은 '스허위엔'은 이 지역 대다수 민중들의 생활환경과 생활내용을 반영하고 있다. 이 구역은 역사를 통해서 다른 구역과는 또 다른 특색을 지니고 있는데, 그것은 바로 이곳 특유의 농후한 인문적 환경이다. 만약 이러한 작은 '스허위엔'을 왕푸(王府)의 '스허위엔'처럼 개조했을 때 이 구역의 특색은 더 이상 존재하지 않을 것이다.

둘째: 전통 풍속은 주민들의 현실 생활 속에서 체현된다. 이들의 일상생활의 독특함은 인문환경이 겉으로 드러나는 형식 중에 하나다. 만약 주민들이 살고 있는 집을 다 철거해 버린다면 이곳에서 더 이상 살아있는 장면은 목격할 수 없을 것이다.

셋째: 기존의 오래된 집(대잡원)을 허물고 새로운 전통 가옥을 짓게 되면, 그 집의 가격이 천정부지로 올라갈 것은 기정사실이다. 그렇게 되면 기존의 주민들은 새로 지은 집에 계속해서 살 가능성이 없다. 대신 그 속에는 고소득층이 들어가게 된다. 고소득층은 관광객들을 자신의 집 에 받아들일 시간도 없을뿐더러, 관광객들을 접대하고 받을 수입에는 관심도 없을 것이다. 더군다나 그들은 기존의 주민들처럼 일상생활을 보여줄 수가 없다. 만약 이러한 새로운 '스허위엔'의 주인이 모두 바뀐다면 역사적으로 이미 형성된 이곳의 인문적 특징은 사라지고 말 것이다(『中国文物报』 2002. 8. 31.).

그가 제기한 위의 문제점들을 해결하기 위해서는 우선 현지 주민

스차하이 보호구역의 베이징 토박이(老北京人: 경극 연습 중)

과 현지 단위(單位)[16]의 의견을 수렴할 필요가 있을 것이다. 이러한 문제제기는 현재 진행되고 있는 '후통관광[17]'을 계속 유지해 나가기 위해서조차도 매우 타당하지만 주민들의 삶의 체계를 보호하는 데도 매우 타당한 지적이 아닐 수 없다. 왜냐하면 그 속에 살고 있는 대부분의 주민들은 위의 세 번째 문제제기에서 언급되었듯이 자신이 살

---

16) 현지 단체나 기관을 지칭함.

17) 1990년대 들어서서 후통은 관광상품화 되기 시작했다. 민속의 요소들이 많이 남아있는 후통과 스허위엔은 특히 외국관광객들의 "호기심"을 자극했다. 실제로 이들 외국인들의 "호기심"은 후통과 스허위엔이라는 물질적인 요소보다는 그 속에서 살고 있는 "후통사람들"의 일상생활에 집중되었다. 이에 대해서는 최경호(2003)를 참조 바람.

고 있는 지역의 철거와 더불어 자신의 삶터를 떠나야 하는 처지에 놓인다. 주민들의 말에 따르면, 이들 철거민들이 대개 이주하게 되는 지역은 베이징 교외지역인데, 이 지역은 그간 살아온 자신들의 삶의 맥락과는 맞지 않을뿐더러 생활비도 더 많이 들어가게 되어 미래의 삶에 대해 많은 혼란의 초래가 예상된다. 따라서 단순히 후퉁 지역의 과밀하고 낙후된 공간에서 거주하는 주민들이 베이징 교외의 훨씬 넓고 깨끗한 아파트로 이주하여 사는 것이 삶의 질을 훨씬 높이는 방법일 것이라는 주장도 그리 큰 설득력이 없어 보인다.

그렇다면 이들 인문환경의 한 요소로서의 지역주민들을 보호하기 위해서는 어떤 방법이 있을까? 이를 위해서는 여러 가지 법제적 장치가 필요할 것이다. 하지만 현재로서는 이들 무형적 요소로서의 인문환경을 보호할 길이 마련되어 있지 않다. 앞에서 이미 살펴본 바와 같이, '보호계획'의 내용은 수로체계, 중축선, 황성, 성곽, 골목, 건축고도 제한, 도시 경관선, 건축의 현태와 색채, 지명 등과 같은 유형적인 요소인 물질문화에 집중되어 있음을 알 수 있다. 한편으로는 중국 내 일각에서는 민속기술이나 기능을 가진 사람과 '비물질문화'에 대한 보호 대책을 주장하는 목소리가 나오고 있는 것도 사실이었다(최경호 2003: 399). 하지만 '보호계획'의 법률적 근거가 된 '중화인민공화국문물보호법' 제2조에서 규정하고 있는 문물의 정의에는 한국과 일본처럼 유형문화재(유형문화유산)와 무형문화재(무형문화유산)로 나누는 구분법이 존재하지 않았다.[18]

이처럼 중국의 문물보호법의 문물보호에 대한 근거는 유형적 요소인 물질문화에만 집중되어 있고 무형적 요소인 문화요소에 대한 내용은 찾아 볼 수 없다. '보호계획'의 법률적 근거가 되는 문물보호법의 내용이 이러하다 보니 '보호계획'내에 마땅히 포함되어야 할 '장소감'과 '인민성'이 농후한 지역의 전통적인 무형문화의 보호는 요원한 일이 되고 만다. 따라서 변화의 정점을 맞이하고 있는 베이징의 전통적인 공간에 살아 숨쉬는 '장소감'과 '인민성'을 보호하는 일은 여전히 난감한 문제로 지속되고 있다. 이는 곧 베이징의 '역사문화도시' 재건의 딜레마가 되고 있다.

4. 사람과 집, 동시에 보호하자

쓸모 있고 보기 좋은 옛 건축물들과 동네를 도시 재개발이라는 '폭탄'으로부터 지키는 일. 새 것이 반드시 좋은 것은 아니며 오래된 것이 다 나쁜 것도 아니다. 우리 도시에는 보존할 만한 가치가

---

18) 『중화인민공화국문물보호법(中华人民共和国文物保护法)』(1982년 11월 통과, 1991년 수정) 에서 규정하는 문물의 내용은 아래와 같다.
첫째: 역사, 예술, 과학가치의 고문화유적, 고분, 고건축, 석굴사원과 비석(石刻).
둘째: 중요한 역사사건, 혁명운동과 저명 인물과 관계되며 중요한 기념의의, 교육의의와 사료가치가 있는 건축물, 유적, 기념물 등
셋째: 역사상 각 시대의 진귀한 예술품, 공예품
넷째: 중요한 혁명 문헌자료 및 역사, 예술, 과학적 가치를 갖춘 원고(手稿), 고도서 자료 등
다섯째: 역사상의 각 시대, 각 민족사회제도, 사회생산, 사회생활을 반영하는 대표적인 것들 그리고 이와 동시에 과학적인 가치가 있는 고척추동물 화석과 고인류 화석 등의 문물

있는 곳이 많기도 하고 때로는 몇 채 또는 몇 단지의 집에 불과하
기도 한데, 그러한 건축물들은 과거와의 연속성을 부여하고 우리
의 도시풍경을 다양하게 만든다(에드워드 홀 2003: 284).

1990년대, 미국미래연구회(IAE)가 미국건축협회(AIA)에 제출한
보고서를 보면 20세기말 이후의 시기는 '재건의 시대(重建時代)'가
도래할 것이라고 예측했다. 1990년대 이후 미국에서는 새 건물을 짓
기 위한 용지는 부족한 대신, 대부분의 사람들은 자신이 살고 있는
지역의 유명한 건축물에 관심을 기울였다. 게다가 미국의 세법은 기
존의 집을 수리하여 사용하는 사람들에게 유리하였다. 이러한 추세는
'건설의 시대(建设时代)'에서 '재건의 시대'를 부추겼다. 일본 또한
1990년대에 들어서서 '건설의 시대'에서 '보호 관리의 시대'로 방향을
선회한 바가 있다(张松 2001: 2).

1990년대 이후 '사회주의 정신문명' 건설과 유가적 전통문화의 부
활 등과 같은 사회적 분위기와 더불어 중국 베이징에서도 '역사문화
도시' 다시 만들기의 붐이 형성되고 있다. 이러한 붐을 타고 수백 년
에 걸쳐 도시의 세포로 형성되어 온 '스허위엔'과 '후통'까지도 보호
의 대상으로 떠 오른 것은 매우 다행한 일이 아닐 수 없다. 하지만
그 이면을 살펴보면 여전히 많은 문제점들을 노정하고 있다.

많은 문제점 중에서도 가장 두드러지는 것은 바로 오래된 집을 철
거한 자리에 새로운 전통식 집을 짓는 방식19)과 이로 인해 사라지게

---

19) 이는 부유층이 낙후된 주택이나 오래되고 슬럼화된 도심 지역을 재개발하여

되는 '장소감'과 '인민성'이다. 이렇게 되면 새로운 공간은 의도와는 달리 죽은 공간으로 변모하고 만다. 즉 그 구역만의 독특한 전통과 정체성 그리고 그동안 발산되었던 매력이 역사 속으로 사라지게 되는 문제가 대두되는 것이다.

이탈리아의 볼료냐는 세계 최초로 '사람과 집을 동시에 보호하자'라는 구호를 제창한 도시로 잘 알려져 있다. 이 도시는 역사·건축뿐만 아니라 그 속에서 생활하고 있는 주민들을 동시에 보호하는 '총체적 보호'라는 개념을 제시하였다. 이 개념은 1970년에 등장하여 건축과 도시계획 분야에 종사하는 사람들에게 열띤 논쟁을 불러일으킨 바가 있다. 그리하여 1974년, 볼료냐에서 개최된 이와 관련된 회의에서 '총체적 보호'를 도시 내 역사보호구역을 개선하는 준거로 삼기로 결정하였다(张松 2001: 150). 볼료냐의 이러한 정책은 실효성을 획득했고, 다른 유럽국가의 모범 사례가 되었다. 볼료냐의 이런 사례는 다른 유럽국가와 마찬가지로 현재 베이징의 '역사문화도시' 재건의 과정에서 간과하고 있는 문제와 그에 따른 딜레마를 해결해 나가는 데 좋은 지침이 될 수 있다.

개발과 보호, 특히 도시 내에서의 이러한 문제에 대해 적절한 대책과 방향을 강구하기란 결코 쉬운 일이 아니다. 그럼에도 불구하고 보다

값비싼 단독주택으로 재정비하는 과정을 일컫는 일종의 젠트리피케이션(gentrification)으로 볼 수 있다(이-푸 투안: 1995: 275). 이러한 과정은 주민들에게 위화감을 줄 뿐만 아니라 이 지역의 관광 활동에도 부정적인 영향을 미친다고 볼 수 있다. 재건축된 '스허위엔'의 대문 위에 간혹 붙어 있는 "참관 금지"라는 표지가 단적으로 이를 입증해 준다.

바람직한 접근과 대안을 제시할 수는 있을 것으로 보인다. 도시는 오천 여 년에 걸쳐 다양한 형태로 존재해 왔지만 그것의 완결된 대안은 존재하지 않았다. 도시란 무엇보다도 도시를 만든 사람들의 문화의 표현이며 복잡하고 상호 연관된 많은 기능들을 우리가 미처 다 의식하지도 못하게 수행하는 사회의 연장물(에드워드 홀 2003: 282)이기 때문이다.

참고문헌

김광억, 1993,「현대중국의 민속부활과 사회주의 정신문명화운동」,『비교문화연구』창간호: 199~224.

김종범, 2000,『중국도시의 이해』, 서울: 서울대출판부.

린위탕(김정희 옮김), 2001『베이징 이야기』, 서울: 도서출판 이산.

윤휘탁, 2000,「중국의 '사회주의 정신문명' 건설과 유가적 전통문화」,『중국현대사연구』제10집: 91~123.

이-푸 투안(구동회·심승희 옮김), 1995,『공간과 장소』, 서울: 도서출판 대윤.

에드워드 홀(최효선 譯), 2003,『숨겨진차원』, 서울: 한길사.

최경호, 2003「오래된 집, 四合院의 매력과 관광자원화」,『역사민속학』제16호: 381~400.

후지이 쇼조(백영길 譯), 2002,『현대중국문화탐험』, 서울: 소화출판사.

高尚全·王梦奎·禾村外, 1993,『中国经济改革开放大事典（下卷）』, 北京:北京工业大学出版社.

北京市档案馆编, 1988,『北平和平解放前后』, 北京: 北京出版社.

易中天, 1997,『读城记』, 上海:上海文艺出版社(유소영·심규호 譯, 2002,『중국도시 중국사람』, 풀빛: 서울.).

李泽厚, 1988年1月,「中国大陆文化研究的发展趋势」,『中国论断』第296期: 73~80页.,

张松, 2001,『历史城市保护学导论-文化遗产和历史环境保护的一种整体性方法』, 上海:上海科
 学技术出版社.

崔敬昊, 2003,「从巨大的文化遗产到胡同」,『21世纪人类学』227~237, 北京：民族出版社.

崔敬昊, 2005,『北京胡同变迁与旅游开发』, 北京: 民族出版社.

侯仁之主编, 2000,『北京城市历史地理』, 北京: 北京燕山出版社.

侯仁之·邓辉, 2001,『北京城的起源与变迁』, 北京: 中国书店.

〈자료〉

『北京晨报』 2002. 9. 15일자

『北京晨报』 2002. 9. 19일자

『北京晚报』 2001. 10. 18일자

『北京晚报』 2001. 12. 1일자

『北京晚报』 2002. 9. 24일자

『北京西城』 2002. 9. 28일자

『中国文物报』 2002. 8. 31일자

『中华人民共和国文物保护法』(1982년 11월 통과, 1991년 수정)

『中国日报』 2003. 2. 22일자

『中國情報网』 2002. 8. 20일자

『China Daily』 2002. 10. 8일자

北京市規劃委員會 인터넷 홈페이지: www.bjghw.gov.cn

지역사회로부터 배우는 특별한 지역학

- 리쓰메이칸대학 '교토학'의 목적과 가능성 -

다나카 사토시*

일본에서 교토는 '고도', '문화수도' 등으로 평가받는 역사 도시이다. 2023년 11월 현재 마치 코로나19 이전을 떠올리게 하듯 일본 및 외국 관광객들로 붐비는 모습이다. 또한 교토의 각 대학에는 '교토학' 강좌가 개설되어 다수의 학생들이 배우고 있다. 일본사를 전공한 필자는 2006년 이후 17년간 '교토학' 수업을 담당하며 연구와 교육 현장에 관여해 왔다. 본고에서는 연구와 교육 현장에서 얻은 경험의 일부를 소개하고자 한다.

1. 대량 소비되는 '교토'의 일반적 이미지

필자가 담당하고 있는 일반 교양 강의과목 '교토학개론' (한 학기 15회)에서는 첫 수업 수강생들에게 "교토의 이미지를 한마디로 나타

---

* 일본 리쓰메이칸대 문학부 교수

내는 어구”에 대해서 설문조사를 실시했다. 매년 거론되는 어구의 대표적인 예를 무작위로 써 보았다.

> 고도, 일본식, 사원·신사가 많다, 귀족, 전통공예, 마이코, 기모노, 교야채, 말차, 야쓰하시, 노포, 전통 예능의 이에모토, 쵸슈(쵸닌) 문화, 3대 마쓰리(아오이마쓰리·기온마쓰리·지다이마쓰리), 수수함, 품격, 냉정함, 우아함, 섬세함, 품위, 교토방언, 계획적 거리 만들기, 프라이드가 높음, 지장봉, 오쿠리비, 에도 남자와 교토 여자, 와비사비, 고쇼, 천황, 속마음과 겉치레, 라면, 영화의 무대, 교토 브랜드, 너무 미화됨, 관광객이 많음, 첨단기술기업(OMRON·KYOCERA), 대학가, 학생운동, 가격이 비쌈, 독특한 지명(거리명), 지방을 깔보는 경향, 습기, 배타적, 경관 보호, 부락 차별, 교토 시외로의 접근성이 나쁨, 좁은 골목, 교통 체증, 살기 좋다/ 살기 힘들다

‘교토’라는 지명은 대부분 교토 시내를 지칭하며, 미디어 등에서 자주 다루어진다. 이 때 교토는 ‘우아하고 격조 높은’ 역사 문화도시, ‘언뜻 보면 온화하지만 다른 사람에게는 엄격한 교토인’이라는 이미지를 떠올린다. 이렇듯 현재와 과거를 직결하는 막연한 이미지가 널리 공유되고 있다. 예를 들어 젊은 여성을 주 타깃으로 하는 여행 잡지에는 파워 스폿이 많은 교토에 오면 행복해질 수 있다는 선전 문구가 보인다.1) 또한 창업 100년이 넘는 유명한 노포의 위치를 역사

---

1) 『TRAVEL STYLE 교토 2012』(세이비도 출판, 2011년)의 머리말에는 다음과 같은 선전 문구가 적혀있다. ‘교토로 오세요. 이름난 보물·보기드문 보배, 음식, 절경과 매력이 가득. 연애·금전운·건강운 무엇이든 있는, 사찰 불각이 모여

지도 위에 표시하고 걷기 여행을 위한 지도책에는 국제 문화도시라는 대중매체에서 언급되는 교토의 이미지가 명확히 표현되어 있다.[2)]

또 어떤 부동산회사의 맨션 매매 광고에서는 교토시가지 중심부에 새로 세워진 고급 분양 맨션의 디자인을 '히가시야마 문화의 색채미'를 살린 외관, 일본 특유의 '음예(陰翳)의 미' 등 수식하는 의미가 모호한 표현을 많이 사용해 소개하고 있다. 최근 교토의 부동산 중개업소 신축 광고는 건물의 구조나 주변 시설의 편의성, 교통의 장점 등 각종 편리함을 어필하는 일반적인 선전이 많은데, 이 광고는 전형적인 교토 문화 = 일본 전통문화를 어필하고 있다.

이처럼 지방도시 = 교토에는 다양한 이미지가 중층화되어 있지만, 그 기반은 역시 역사와 문화이다. 그런데 현재 일반적으로 공유되고 있는 '교토의 역사'는 근대 이후에 강조되고 널리 확산된 경우가 많으며, 연구가 진전되면서 역사적 사실이 아니라고 판명된 예도 많다. 또 사실의 일부분을 강조해 과도한 의미를 부여하는 사례도 있다.

있는 교토는 파워 스폿의 보고. 멋진 사랑을 하고 싶다, 행복해지고 싶다…! 당신의 그런 소원을 이루는 방법, 여행 스타일을 제안해 드립니다. 아무쪼록 2011-2012년 KYOTO에 오시면 틀림없이 행복해지실 것입니다.'

2) 『교토시대 MAP 전통과 노포편』(미츠무라스이코 서원, 2007년)의 선전 문구는 다음과 같다. '불교 전래와 함께 다양한 문물이 전해졌습니다. 멀리 바다를 넘어 아스카에서 싹트고 뿌리를 내린 곳은 헤이안의 수도였습니다. 드디어 큰 가지를 치고, 우아한 잎이 자라고, 그리고 큰 꽃봉오리가 열리고, 마침내 우아한 꽃이 피었습니다. 차, 꽃, 향, 요리, 과자-. 다양한 문화는 때로 복잡하게 얽혀가면서 천년이 넘는 시간을 거쳐 전통문화와 노포라는 결실을 맺었습니다.'

아래에 열거하는 일반적인 이해는 현재 거의 부정되고 있는 사례이다.

- 고도 헤이안쿄는 도로가 가지런히 정돈된 전형적인 계획도시였다.
- 교토의 동쪽을 남북으로 흐르는 가모가와 강은 인공하천으로 10여 년에 걸쳐 치수가 이루어졌다.
- 기온마쓰리는 중세 무사 권력의 압정에 민중이 대항하는 하나의 수단이었다. 그 주력이 된 교토 중심부에 사는 쵸슈(마치슈)는 중세 이래 수백 년에 걸쳐 같은 지역에 계속 살고 있다.
- 교토 브랜드를 대표하는 전통 공예품인 시미즈야키와 니시진오리는 제2차 세계대전 중 군부에 대한 협력을 거부한 '평화산업'이다.
- 현재, 교토역 앞 랜드마크가 된 교토타워 건설에 반대한 것은 교토의 경관이 훼손될 것을 우려한 교토 주민들이었다.

이러한 이해는 모두 실증적으로 비판·부정되고 있음에도 불구하고 현재까지 일반인 대상의 책에 쓰이거나 미디어에서 종종 다뤄지고 있다. 교토에 살다 보면 이 도시가 겹겹이 감싸고 있는 이미지의 긴 역사, 겹겹이 쌓인 문화의 두께를 느끼지 않을 수 없는 현실과 직면하게 된다.

2. 지역 연구로서의 '교토학' 현황

이러한 '교토'라고 하는 장소에 대해 고찰하는 지역학 = '교토학'은 교토시나 주변 지역의 전통 예능·전통 공예나 의식 문화의 성립, 헤이안쿄 이래 에도 시대 말에 이르기까지 '고도'의 형성~변용 과정, 사찰이나 마치야가 즐비한 독특한 경관, 특징적인 하나마치(게이마이코), 기온마쓰리나 아오이마쓰리 등 오랜 역사를 가진 제례, 풍속 습관 등을 다루면서 문화사적 관점에서 '교토'의 특성을 논하는 것이 많다. 역사학·지리학·사회학·건축학·문학·미술사·인류학과 같은 기본적인 이론이 확립되어 있는 인문학 분야의 연구 방법에 따라 연구자가 각각의 문제의식에서 자료를 수집해 구체적 대상에 접근하는 것이며, 단일한 '교토학'이라는 학문 분야는 존재하지 않는다. 최근에는 일본의 다른 지역에서도 '에도학', '도호쿠학', '오사카학', '오미학', '단바학'이라고 하는 지역학이 표방되고 있지만, 대부분의 경우, 다양한 방법론에 의한 지역 문화론의 영역에 머물러, 그 지역의 독자적인 방법론을 구축하려는 의지가 확고한 것은 많지 않다.

교토 지역에서는, '전도'(奠都, 천황가의 도쿄 이주) 이후 교토부 지역에서의 정치운동이나 사회문제의 실태를 해명하고 앞으로의 거리조성에 대한 전망을 하는 근현대사 연구도 축적되고 있지만, 이 연구들이 상기의 '지역문화사' 연구와 어떻게 연결되는지에 대한 연구자의 관심은 희박하다.

그 원인으로서 다음의 3가지를 들 수 있다. 우선 각 분야의 방법론·목적의식이 크게 다르기 때문에 공통의 검토 과제를 세우기 어렵다는 점이다.[3] 검토하는 시대나 지역 자료의 범위가 한정되어, 지역에

---

3) 예외로써 이미 20년 가까운 활동 경험을 지닌 '헤이안쿄·교토 연구 집회'가

있지만 정리되지 못한 채 묻혀 있는 귀중한 자료를 간과하는 경향이 있다. 두 번째는 교육 현장에서의 다양성과 교토상(像)의 편향성이다. 2023년 현재 '교토학' 강좌가 있는 대학은 리쓰메이칸대학, 교토산업대학, 교토예술대학, 류코쿠대학 등 4곳이며, '대학 컨소시엄'을 통해 다른 대학의 교토학 관련 수업을 배울 수 있지만 대부분의 대학에서 가르치고 있는 것은 고고학 발굴 성과, 교겐·노, 라쿠고, 음악(샤미센·포크), 일본화단, 민속 풍습(축제 등) 등으로 그 분야의 전문가가 시민이나 학생들에게 강의하는 형식이며, 전통문화에 대한 높은 관심을 반영하여 관광 산업과 연계하는 형태의 지식교육이 요구되는 추세이다. 이러한 강좌에서는 밝은 면·아름다운 면만이 다루어지며 부정적인 측면에 관해서는 무시되는 경우가 많아 현상에 대한 비판적인 시점을 포함하지 않는 단면적인 교토 이해에 빠지기 쉽다. 세 번째는 교토 주민과의 관계가 충분히 구축되지 않은 일방향적인 연구·교육이다. 연구자의 문제의식이 특정 분야에 치우쳐 있고 주민이 가진 복잡한 교토에 대한 감정이나 역사 의식에 대해서는 관심이 적다. 그 결과 방대한 수의 미발굴 지역 자료의 발굴이 크게 지연되고 있으며, 전쟁 체험이나 식민지 지배와 같은 주제의 자료 조사, 미 군정기 생활 실태 등 문자로 남기기 어려운 주민들의 과거 기억에 대한 조사

있다. 매번 주제를 바꾸어 역사 도시 교토에 대해 다양한 분야의 공동연구를 실시한다. '전국시대 교토의 상경·하경', '중세 교토의 도시 복합체' 등 유구와 건축 도면에서 드러난 전근대 도시 공간의 실태를 고고학·문헌사학·건축사 등 전문가들이 논의하여 큰 성과를 거두고 있다.

도 진행되지 않았다.

일찍이 본교의 교토학 전공에 소속되어 있던 일본 문학 연구자는 이러한 경향을 가지는 '교토학' 현상에 대한 언설을 다음의 4가지로 분류했다.[4]

a) **경영으로서의 〈교토학〉** : 교토에 대해 전통과 혁신의 공존 등을 배우는 행위 그 자체

b) **지식으로서의 〈교토학〉** : 『요슈부지(雍州府志)』 등 서적이나 자연환경 등 지식의 집적

c) **지역을 위한 〈교토학〉** : 관광 등을 통한 지역 재생·진흥 자료 제공

d) **학문영역으로서의 〈교토학〉** : 일본 전체를 조망하며 교토의 본질을 밝힘

이들은 개별적으로 전개되는 것이 아니라 상호 관련 하에서 진행되고 있지만 독자적인 방법론이나 '지역으로의 연구 성과 환원'까지는 충분히 논의되지 못한 것이 현실이다.

아직 성립 과정에 있는 교토학의 이러한 자유로움을 보면서 대학생들은 교토라는 역사의 장에 관한 소박하고 다양한 흥미를 살린 연구를 할 수 있다고 생각한다. 그렇다면 교토학을 배우는 주체가 지역사회를 통해 매일 매일 느끼는 감상들을 역사적인 의미와 연관하여 설명 할 수 있는 역할을 교토학이 담당해야 하는 것이다. 단순히 지역

---

4) 스도 케이 「교토학을 부감하다-해석의 다양성과 흔들림을 둘러싸고-」 『리쓰메이칸 문학』 649, 2017년.

의 역사와 문화를 아는 것만으로는 현대사회에 넘쳐나는 교토를 둘러싼 불확실한 말들의 바다로 흘러 들어갈 뿐이다. 그렇다면 교토라는 장소가 가지는 풍부한 문화적 가치와 오랜 역사 속에서 축적되어 온 부정적인 요소(차별이나 편견, 배외적인 자세 등), 이른바 '교토 문화의 빛과 그림자'의 양쪽을 파악하는 시점이나 방법은 어떻게 하면 획득할 수 있을까. 그 열쇠는 지역 주민과의 관계에 있는 것은 아닐까.

3. 주민과 함께 배우는 지역학 – 새로운 교토학 시도

1) 문학부 내 '교토학' 강좌 설치와 전개

리쓰메이칸대학은 현재 교토부 교토시·시가현 구사쓰시·오사카부 이바라키시에 캠퍼스를 운영하고 있으며, 필자가 근무하는 문학부는 교토시 기타구의 기누가사 지구에 있다. 이제까지의 교토 연구를 중심으로 한 수업은 전공으로 개설되어 있지 않아 교토 지역을 필드로 하는 실습 과목이 문학부나 산업사회학부에 산발적으로 열려 있는 상황이었다. 2005년 이후 명확하게 교토 연구를 핵심으로 하는 강좌가 문학부 내에 설치되고 2006년부터 전체 전공을 횡단하는 공동수업으로 '교토 문화 리서치'가 설치되었으며, 역사학·고고학·문학·지리학의 교원이 교토 문화에 관한 각종 강의를 실시하였다. 필자는 이 시점부터 '리쓰메이칸 교토학'에 관여해 왔다. 이하, 그 시작의 경위에 대해 간단히 설명하고자 한다(자료 1 관련 연표 참조).

2005년 인문학의 각 학문 분야를 초월한 협업을 진행하는 장으로 '인문종합과학연구소 종합프로그램'을 설치하고, 그 기초 과목으로 학과·전공을 초월한 수강생을 모집하는 '교토 문화 리서치 실습'을 개설하였다. 필자는 '교토의 흙과 사회'라는 테마 리서치 세미나의 부담당자로, 고고학 교원(木立雅朗)과 함께 교토의 도자기에 관한 조사나 이와 밀접하게 관련된 음식문화에 대한 실습 수업을 실시하는 형태로 수업을 기획했다. 2006년, 리쓰메이칸 대학은 '인문학적 지의 지역 환원으로 변하는 역사 도시 교토'라는 주제로 문부과학성의 현대적 교육 요구 대응 지원 프로그램(현대 GP)에 응모해 채택되었다. 풍부한 연구 지원금으로 전임교원(임기제) 1명·연구사무원 2명·타전공 보조교원을 채용해 새로운 체제를 준비하고, 사무실도 신설됐다.

2008년, 다채로운 필드워크와 지역 주민과의 제휴를 특색으로 하는 '교토 역사 회랑 프로그램'을 새롭게 개설하고, 필드워크 중심의 실습 수업을 개강했다. 이 수업은 수강인원 총 20명 내외로, 각 학과에서 모인 스무살 전후의 학생들과 교토 문화 수업을 배우고 있는 사회인 수강생들이 2:1의 비율로 책상을 나란히 놓고 함께 배운 것이 특이할 만한 점이다. 사회인 수강료는 무료이며, 업무에서 벗어나 평소 관심이 많았던 교토 문화와 역사에 대해 다시 배우려는 의욕이 높은 60~70대 지역 주민들이 2년간 기초적인 훈련을 받고 졸업논문에 준하는 내용의 수료 리포트를 제출했다. 학교 밖에서의 실습도 활발하게 행해져, '배움의 장소'로서 교토 지역이 가지는 큰 잠재력을 실감하게 되었다. 당시 일본 내·외에서 교토로 오는 관광객은 비약적으로 증가하여 자치단체 수입에서 큰 비중을 차지하게 됐지만, 동시에 '관광 공해'(다수의 관광객에 의해 관광지 주변의 자연환경이 악화되어 안정된 일상을 되찾기 어려웠다)가 문제가 되었다. 또 주민의 고령화·저출산이 진행되는 가운데 초·중학교의 통폐합이 잇따르면서 시 중심부 주민 교체도 일어나고 있어, 새롭게 '교토인', '교토문화'란 무엇인가를, 주민의 시점에서 생각할 필요가 있다는 인식이 널리 공유되기에 이르렀다.

이것이 기반이 되어, 2009년에 전공에 준하는 형태로 단독 전공에 해당하는 '교토학 프로그램'이 문학부 내에 설치되어 전임 교원 2명, 보조 교원 3~5명으로 증원되었다. 2012년 문학부의 조직개혁에 따라 현행 8학역·18전공이 탄생하면서 지리학을 주체로 하는 '지역연구학역'이 신설되고 교토학 프로그램은 '교토학전공'으로 형태를 바꿔 이 학역 아래 지리학전공·지역관광학전공과 함께 편입되었다. 필자는 본교 일본사학전공 출신으로 연구 주제 중 하나가 '교토의 지역자료로 보는 주민의 역사의식'이었기 때문에 2006년도부터 상기 과목을 담당하여 2012년 교토학전공 전임교원이 되었다. 이상이 강좌 설치까지의 경위이다.

2) 교토학 전공의 성과와 과제

필자는 교토학 전공을 담당하면서 새로운 것을 창조하는 것의 어려움과 동시에 그로 인한 즐거움을 맛보았다.5) 아마도 이러한 성과는 전문 분야인 일본사학에만 집중하고 있었다면 경험할 수 없었을 것이다.

교토학 전공 전속 전임교원은 2명(필자=일본사학과, 동료=지리학)뿐으로, 그 밖에 지리학·지역관광학 전공에서 1명, 일본문학연구학역에서 1명, 일본사연구학역에서 1명이 3년 임기로 이적하고, 여기에 5년 임기의 특임조교 1~2명이 더해져 합계 6~7명의 교원 체제로 운영된다. 임기 관계에서 매년 일어나는 교원 교체는 전공 운영에 유동성과 가변성을 가져와 다양한 문제와 관심에 대응할 여유가 있었지만, 장기적으로 안정된 연구와 강의을 전개하기 어려운 구조였다. 교토학 전공은 일본 내외에서 매년 40명이 넘는 진학 희망자가 있어 문제와 관심도 다양해 대응에 어려움도 있었지만, 복수의 교원이 학생에게 즉각적인 지도를 실시했다. 각 분야의 교원으로부터 교토에

---

5) 필자의 최근 활동은, ① 대학생이 70년 전에 작성한 종이연극『기온마쓰리』(1952년)의 부활 상연, ② 17세기 무렵에 활약한 금속가공업자(산조가마자의 주물사)의 실태에 대해 각지에 남겨진 범종의 명문과 주물사의 가문 고문서에서 장인조직의 복원, ③ 아시아태평양전쟁기 일반 주민·병사의 생생한 체험담을 기록, ④ 역사 만화 속 교토 이미지와 실상과의 비교 연구, ⑤ 교토에 관한 반세기에 걸친 신문 스크랩집 정리, ⑥ 근현대 교육자료의 발굴과 데이터베이스화 등이 있으며 주민이 남긴 다양한 지역자료를 발굴하고 젊은 연구자들과 함께 자료목록을 만들면서 관련 지역 주민들의 이야기를 듣는 작업을 계속하고 있다. 그 과정에서 연구자들은 일방적인 추측과 오류를 바로잡고, 주민들은 사적인 기억과 당시의 전체적인 상황의 차이를 알고 지역 문화의 빛과 그림자의 양쪽 측면에 대해 고찰하는 새로운 시각을 배울 수 있다. 한쪽이 다른 쪽을 이용·소비하는 것이 아니라, 상호적인 협력 관계를 일상화하고, 교토의 복잡한 실태를 설명하여, 향후의 발전 방향을 지속적으로 생각해보고자 한다. 필자가 생각하는 교토학이란 연구자와 지역주민 사이를 왕래하면서 서로 배우는 '일종의 문화운동'이며 이를 '교토운동'이라고 부르고 싶다.

대해 다면적으로 배울 수 있는 체제는 매력적이었으며, 다른 학문과 병행해 배울 수 있는 체제가 갖추어져 다른 곳에서는 볼 수 없는 강점이 있었다.

예를 들어 역사고고학 교원들은 전통공예 장인들을 초청해 실제 작품을 만들면서 청취조사도 하는 실습 과목을 개설해 리쓰메이칸 교토학의 독자성이 가장 드러난 인기 과목이 됐다. 또 일본 중세사 교원들은 중세 이래 제례의 원형을 지금도 보전하고 있는 니시노교 즈이키 미코시(西之京瑞饋神興) 보존회에서 참여관찰형 인턴십을 시작해 수강생들은 농작물 등으로 미코시를 만드는 작업을 지역 주민들과 함께 하면서 축제를 전승해 온 사람들의 생각을 듣고 그 가치에 대해 실천적으로 생각하는 귀중한 경험을 얻는다.[6] 지리학, 지역관광학 교수들은 학생들과 함께 번화가 현장에서 현장실습을 하고 성과의 일부를 졸업생들과 함께 책으로 정리했다.[7]

이후 10여 년간 이 교원 체제를 유지하면서 일본사·지리학·일본문학 등 총 12명의 전임교원과 10명 정도의 시간강사로 전공과목을 운영해 왔으나 2020년도 문학부 전체 교학체제 개편으로 교토학 전공은 폐지되고 대신 문학부 각 학역에서 선택할 수 있는 학부 횡단적인 '크로스 메이저'의 하나로 재편됐다. 이에 따라 필자의 소속도 교

---

6) 당시 담당교원이었던 미에다 아키코(三枝曉子) 동경대학 준교수가 그 경험에 대해 저서로 정리했다. 『교토텐진을 모시는 사람들-즈이키미코시와 니시노쿄』, 이와나미서점, 2014년.

7) 가토마사노부『모던교토—〈유가쿠〉의 공간문화사』, 나카니시야출판. 2017년.

토학 전공에서 일본사학 전공으로 변경하고 교토학 관련 과목을 주로 맡게 되었다.

현재의 '교토학 크로스 메이저'는 전신인 '교토학 전공'으로부터 기본적인 콘셉트를 계승하고 독자성이 높은 강의·실습 과목을 개설하여 학생들의 요구를 반영하고 있다. 이러한 과목 중 특징적인 과목의 내용을 일부 소개하고자 한다.

① 교토학개론(문학부 기초수업의 하나로 각 학년의 학생이 선택수강)
교토학(3개 캠퍼스에서 4개 강의 개설, 문학부 이외의 수강생도 많다)
모두 200~300명 규모의 강의 과목이다. 강의 계획서의 일부를 소개하겠다.

수업의 개요와 도달 목표

이 수업에서는 역사학의 입장에서 시대별 교토의 변천을 고찰한다. 교토에 대한 일반적인 이미지의 기반을 구성하는 주요 요소 - '우아한 헤이안쿄'(고대) · '기온마쓰리는 마치슈의 축제'(중세) · '학문과 전통문화의 도시'(근세) · '도쿄 천도에 의한 몰락에서 관광도시로의 부흥'(근현대) 등을 거론하여 이러한 이미지를 뒷받침하는 근거(사료·연구)를 재검토하고, 각 시대의 실상을 이해하는 동시에 그러한 교토관이 확대되는 역사적 배경이나 의미에 대해 다시 질문해본다. 미디어나 관광 관계 등 대중들에게 알려진 인상론적인 '교토'상을 상대화하기 위한 시점을 가지고, 지역 연구 방법의 기초를 기르는 것이 주된 목표이다.

수업 스케줄과 수업별 주제는 다음과 같다(후기 전 15회, 90분 강의).

1. 일반적인 '교토'상의 현황, 2 · 3 헤이안쿄 연구의 역사, 4 · 5 헤이안쿄의 허상과 실상 (1) 전기 헤이안쿄의 구조, (2) 도시 주민의 생활 실태, 6 · 7 중세 교토로의 전환 (1) 도시화하는 교외 (2) '마치슈' 상의 형성과 실태, 8 기온마쓰리와 '쵸슈'의 관계, 9 · 10 '고도'의 경관 · 문화 형성 (1) 도요토미 히데요시 정권의 도시 개조, (2) 학문 · 공예 도시 교토, 11 · 12 · 13 근대 교토의 모색 (1) '전도'의 충격, (2) 전통 산업의 변용, (3) 군대 · 전쟁 영향, 14 · 15 관광지 교토와 환경 문제 (1), (2) 강의 정리.[8]

필자의 지역자료 연구 성과를 바탕으로 최신 연구를 소개하면서 일반적인 교토 이미지와 실태의 차이를 보여주고 그 의미를 생각하는 내용의 강의이다. 예를 들면 제14회에서는, 아래와 같이 지역 주민을 인터뷰함으로써 미군정기의 생활을 체감하는 것이다.

미군정기 당시를 기억하는 당사자(89세, A) 인터뷰 (2017년)

다나카 : 전후에도 시조나 호리카와 근처에 암시장이 있었나요?

A : "있었어요. 전후에도 (가격이) 비쌌어요. 하지만 뭐든지 있었어요. 과자든 뭐든 다 있어요. 어디서 모아오는 건지, 대신 가격은 매우 비싸요. 보통 서민은 살 수 없지."

---

8) 다른 캠퍼스의 '교토학'에서는 상기의 내용을 8회로 단축하여 강의한다. 남은 7회는 일본문학과 지리학 강사가 릴레이 강의를 하는 형식으로 구성된다.

다나카 : 그래도 사람들이 많이 모였나요?

A : "보러 가거나 냄새 맡거나. 한심하지만 어쩔 수 없지."

다나카 : 그때는 신혼이었지요? 어떻게 식재료 같은 거 샀어요?

A : "기모노를 교환했어요, 농가까지 가서"

다나카 : 가재도구를 팔아서 생활할 정도로 곤궁한 생활이었나요?

A : "네. 농가에 갔어요. 거기서 바꿨어요. 저쪽에서 값어치를 보고 '이거 하면 이 정도 쌀밖에 못 주겠네'라고. <u>경제 경찰이 있어서, 발각되면 모처럼 산 쌀이든 밀가루라도 등에 지고 도망가다가 잡히면 빼앗겨.</u> 나도 필사적으로 뛰어서 도망갔거든. 열차에서 뛰어내려서 달리라고 모두들 말하지요. 어딘지는 모르겠지만, 와~~ 하고 달리다가 이제 없을까 하고 보고 있다가 열차가 움직이면 다시 타고 교토로 돌아왔지요. 시전철을 타려고 해도 운행을 하지 않고, 걸어서 교토역에서 집(시조 신마치 하차)까지 걸어서 왔어요."

다나카 : 열차는 국철이었지요? 어디의 농가까지 사러 갔습니까? 교토 근처?

A : "나바리. 내가 간 곳은 나바리였어요. <u>미에현의 나바리.</u>"

다나카 : 네, 사람들은 대부분 그 근처까지 갔나요?

A : "다 달라. 우리는 사촌 여동생 연고가 있어서, 나바리 쪽으로 갔어요. 역에서 내려서 1리 넘게 걸었어요. 밀가루를 준다고 해서, <u>그냥 받는 거는 아니고 돈을 내고 밀가루를 조금. 가지고 오면 수제비를 만들 수 있어.</u> 그날그날 먹는 것에 급급해서, <u>고구마 줄기를 사가 역 앞에서 팔고 있다는 소문을 듣고 거기까지 걸어서 사러 갔어요.</u> 고구마 줄기는 엄청 귀한 음식이야."

니시진오리 업계에서는 명주실을 사용할 수 있는 업자가 엄격하게 제한되어 있었기 때문에 1945년 말에 실제로 운영된 업체는 전전까지 불과 3% 정도에 불과했다. 국가 지정생산품의 공정가격이 저렴하고 고급 메이센(실크 직물로 만든 평상복 기모노)을 짜서 팔아도 정어리 1kg 남짓, 무 4kg 남짓한 값밖에 되지 않아 중노동에 비해 적당한 수입이 되지 않기 때문에 일부 업자는 암시장 브로커를 통해 명주실을 입수해 질 좋은 직물을 짜 미군정 병사들에게 기념품으로 공정가격의 10~20배 가격에 팔았기 때문에 1946년 10월 300여 명이 적발됐다(『석간 교토』 기사).

교토방언 그대로 회자되는 실제 체험담이나 위와 같은 당시 신문기사 등을 통해 일반적으로 알려진 학교의 역사교과서적인 지식과는 다른 지역주민의 생생한 기억, 이른바 '소문자의 역사'의 관점을 제시하는 것을 염두에 두고 있다.

② 인턴십 수업 교토학 지역 스터디 / 인문 특별 연수

교토시 주변의 공립 박물관 시설(교토부립 종합 자료관, 야마시로 향토 자료관, 교토시 역사 자료관, 오야마자키쵸 역사 자료관 등)이나 우타노 유스 호스텔, 기온마쓰리호코마치의 교마치야 등에서의 활동을 통해 지역부흥의 현장에 참여하고, 지역 사람들과 공동으로 인턴십을 실시한다. 또한 사회인 수강생을 인솔하에 학생들이 관심을 갖는 주제에 맞는 거리 걷기 기획을 수립하고 일반 시민을 모집하여 교토 각지를 안내하는 2과목이 개설되었다.

(a) 니시노쿄 즈이키미코시보존회 인턴십

교토시의 다이쇼군지구 주변에서는 1500년대까지 거슬러 올라가는 역사를 가진 '즈이키마쓰리'가 현재도 열리고 있다. 교토 시내에서

도 유수의 역사를 자랑하는 전통적인 제례로, 그 특색은 기타노텐만 궁의 우지코인 '지닌'(神人)이 중심이 되어 농작물을 이용한 가마를 매년 직접 만들어 10월 초에 쵸나이를 순행하는 것이다. 수강생들은 풍년을 기원하는 마을축제의 오래된 형태를 계승한 귀중한 이 제례에 참여하여 가마 만들기부터 순행까지 다양한 지역주민=보존회원과 함께 체험하며 참가자들의 의식과 생각을 인터뷰하고 사진으로 담아 기록해 나간다. 현장에서 배운 귀중한 내용은 블로그 '즈이키일기'에 올려져 있으며, 이를 보면 활동 내용을 알 수 있다.9)

---

9) '즈이키일기', https://zuiki2012.hatenadiary.org/ (최종검색일 : 2023년 11월 5일)

(b) 나가에케 주택에서의 자료정리, 병풍제에서의 자료전시

교토시 지정 유형문화재인 '나가에케 주택'(http://www.nagaeke.jp/) 은
전통적인 대규모 전통가옥 '교마치야'이며 이곳이 학생들의 연수 현장이
되어 장지문이나 족자 등을 여름다운 분위기로 교체하는 '조도 교체',
기온마쓰리 시기에 행해지는 '병풍제' 등 전통적인 습속을 체험하고
창고에 소장되어 있는 자료를 조사하고 전시를 기획하여 견학자들에게
해설하는 활동을 한다. 포목점이었던 나가에 가문의 교마치야 건물과
당주가 계승해 온 다양한 생활용구·조도품·병풍 등을 실제 견학하고
그 문화사적 가치를 알아보고 소개하는 실천적인 수업이다.

③ 교토 전통공예를 경험하고 앞으로의 과제에 대해 배우다.

교토에서 현재도 계속 만들어지고 있는 각종 전통공예품(니시진오리, 유젠염색, 염색끈, 교토부채, 염주, 일본식 거울, 교토기와, 후시미 인형, 교토 팽이, 일본식 과자 등)의 장인을 게스트로 초대해 인터뷰하고 실제로 공예품을 만들어 봄으로써 전통공예가 직면하고 있는 고령화나 원료비의 급등 및 구매자의 감소 경향 등 앞으로 해결해 나갈 문제나 업계가 추구하는 가능성 등을 현장에서 배운다.

수업의 개요와 방법 / 주제: 교토의 전통공예

교토에는 다양한 '전통공예'가 존재한다. 미디어 등에서 화려하게 다루기도 하지만 매출 부진과 고령화·후계자 부족 등의 문제도 많다. 그 중에서도 진지하게 본업에 임하고 있으며 적극적으로 도전하고 있는 장인을 강사로 초대해서 직접 이야기를 듣는다. 장인들이 겪는 어려움과 현실에 대해 인터뷰하면서 '전통을 전하기' 위해 어떤 노력을 하고 있는지 장인의 눈으로 장인들을 둘러싼 사회의 모습에 대해 장인들과 대화를 나누며 생각하고, 리포트를 작성한다.

장인의 이야기나 업무와 관련된 체험을 통해 교토의 다양한 전통공예 현황과 구체적인 업무 내용을 보다 깊이 이해한다. 인터뷰는 수업 중 연습이나 반복을 통해 조사법에 대한 이해나 숙련될 수 있도록 한다. 작성한 리포트는 강사에게 학기 종료 후 제출할 예정이며, 주말 등을 이용해 직접 공방 견학 등을 진행할 수 있음.

※ 수강내용 및 일정은 코로나19 확산 상황 및 수강생의 인원수 등에 따라 변경 가능성이 있음.

이 밖에도, 중국·한국의 유학생과 본교 학생이 각 나라의 캠퍼스를 순회해 배우는 본교 독자적인 '캠퍼스 아시아·프로그램'(CAP)의 '일본 연구' 과목은 교토 문화 맵을 작성하는(2021년도) 등, 실천적인 과목을 갖추고 있는 점이 독창적이다.

이상과 같이 리쓰메이칸 대학의 '교토학' 강좌는 교토의 관광업에 이바지하는 것을 주목적으로 한 다른 대학의 교토학 강좌에는 없는 독자적인 시스템을 구축해 왔다. 단순히 교토를 연구 대상으로 일방적으로 소비하거나 통설적인 '우아한 고도' 이미지를 증폭·반복하는 것이 아니라 '교토로부터 배우기', 즉 지역주민과의 협업을 통해 교육·연구의 장을 구축하고 상호관계 내에서 새로운 교토상을 만들기 위한 시도를 하고 있다. '교토학 프로그램'이나 '교토 역사 회랑 프로그램'에서 배운 모든 수강생들이 지역 어드바이저·자원봉사자로 활동하면서 교원을 보좌해 학생들의 연구를 돕는 활동을 하거나 근대 교토에 관한 자료의 검토회를 매월 실시하는 등 평생 교육으로 발전한 사례도 있다.

향후 남은 과제는 기존 전공제에서 교토학 크로스메이저로 전환함으로써 실천적 실습제도를 뒷받침하는 재정기반이 약화된 것이다. 또한 교토학 크로스메이저는 독립적인 전공이 아니라 각 학역을 횡단하는 부전공으로 2학년부터 수강할 수 있다는 커리큘럼 구성을 알기 어렵기 때문에 수강 희망자가 조금씩 감소 추세에 있는 점도 큰 과제가 되고 있다.[10]

앞으로의 교토학은 교토의 현상을 보면서 대학을 비롯한 교육기관에서 지역사회와의 연계를 추진하여 자료발굴이나 데이터베이스를 상호이용 할 수 있는 연구 체제를 만들고 지방자치단체를 중심으로 연구 성과를 상시 견학할 수 있는 박물관 시설을 만들어 그 가치를 일본 내외에 널리 알리는 것을 목표로 한다. 그 운용의 중심에는 주민이 있고, 차세대에 계승해 가는 것이 과제가 될 것이다. 중요한 것은 연구자와 주민이 지역에서 고립되지 않고 서로를 존중하면서 배우는 것일 것이다.

리쓰메이칸 교토학은 교토학 프로그램에서 전공으로, 많은 교원·학생이 지역사회와 손을 잡고, '전통을 의심하는' 독자적인 시점을 가지면서 걸어 왔다. 수업, 연구회나 회의의 장소에서 교원·수강생·지역 주민이 지속적으로 논의하고 생각한 것은 앞으로 '교토학'을 어떻게 만들어 나갈 것인가 하는 것이다. 교토라는 매력적인 장소에서 지역사회를 경험하며 새롭게 생성되는 지역의 지식을 배움으로써 인문학 본연의 실천적인 지식 본연의 모습을 되찾고자 한다. 또한 국내외의 '지역학' 현장과의 대화를 통해 서로 배우고 싶다. 교토학은 아직 길 중반에 와있다(번역: 지영임, 조소연).

---

10) 【자료 2】를 참조.

【자료 1】 리쓰메이칸 대학 "교토학" 강좌 연표(2006년~현재)
갱신 작업 2016.7.28. → 2022.11.27. → 2023.5.5~2023.11.6

년도	사건	스탭(경칭 생략)			전공·프로그램 구성
		교토학 소속 교원	그 외 전공 전임 교원	실습 조수 (14년도 이후는 특임 조교)	
2005	「교토 문화 리서치 실습」개강 「문화적 경관(기타야마 삼나무의 임업 경관) 보존·활용 사업 보고서」발행(2006.2)				인문총합과학연구소종합프로그램
2006	현대GP 「인문학적 지의 지역환원으로 변하는 역사 도시 교토—「교토 역사 회랑 프로그램」의 지역 제휴—」 채택(~2008년도) 리쓰메이칸 대학 현대 GP "인문학적 지식을 지역으로 환원하는 역사 도시 교토" 채택 기념 심포지엄 "지금 부활하는 교토 역사 회랑" 개최(2007.1.27.(토), 리쓰메이칸대학 기누가사 캠퍼스 이가관 2호 홀) 『라쿠세이특집 기누사란(기누, 사가, 아라시야마) 학생이 선택한 추천 스폿 23+1』발행(2007.2) 『교토문화재인식(리쓰메이칸대학교 2006년도 문학부 혁신프로그램교토문화리서치실습III·IV) 보고서 발행(2007.3) 『우리가 바라본 교토문화(리쓰메이칸대학 교토문화 리서치 실습 2006년도 보고서)』 발행(2007.3)	세토 슈이치 (지리)	미에다 아키코, 고야마 도시키, 다나카 사토시, 다케치 마사키 (모두일본사 전공)		
2007	필드 워크 중심의 실습 클래스 개강 「교토 역사 회랑 개론」강의 보고집 발행(2008.3) 『보고 걷고 느낀 교토(리쓰메이칸 대학 교토 역사 회랑 실습 2007년도 보고서)』 발행(2008.3) 『리쓰메이칸대학 문학부 교토학 관련 세미나 2007년도 연구 발표회 학생 발표 논문집』 발행(2008.3) "교토의 이면- 안에서 본 교토 문화-(리쓰메이칸 대학 2007년도 문학부 혁신 프로그램 교토 문화 리서치 실습 III·IV)" 보고서 발행(2008.3) 『기누사란이 만들어지기까지 (2006년도·2007년도 테마 리서치형 세미나 새로운 관광 가이드북을 만든다—지역의 매력 재발견—보고집)』 발행(2008.2)	세토 슈이치	다나카 사토시, 고야마 도시키		

2008	「교토 역사 회랑 연습」개강 「교토다움을 생각한다」사진 워크숍 개최 (2008.12.7) 『교토 '로부터' 배우다』 발행(2009.3) 『교토로의 한 걸음—고도를 알고 미래를 그린다—』(리쓰메이칸 대학·교토 역사 회랑 프로그램 "교토 역사 회랑 프로젝트 연구 Ⅰ·Ⅱ" 2008년도 보고서) 발행(2009.3) 『교토 역사 회랑 연습 2008년도 보고서』 발행(2009.3) 「인문학적 지의 지역환원으로 변하는 역사 도시 교토—「교토 역사 회랑 프로그램」의 전개와 지역연대—사업 보고서」 발행(2009.3)	세토 슈이치	다나카 사토시, 미에다아키코, 가토마사히로 (지리)		인문총합과학연구소종합프로그램	
2009	교토학 프로그램 발족, 교토학 프로그램 1기생 입학 「교토 역사 회랑 연습 성과 발표회〈전통을 의심하다〉」 개최(2010.1.16) 『전통을 의심하다~만들어진 천년의 도시~』(교토 역사 회랑 연습 2009년도 성과 보고서) 발행(2010.3) 『전통으로부터 배우다/전통을 경험하다』(교토 역사 회랑 프로젝트 연구 Ⅰ/Ⅱ) 2009년도 보고서 발행(2010.3) 『교토 '로부터' 배우다』 발행(2010.3)	가와스미 다쓰노리(지리), 모모사키 유이치로(일본사)	나카모토 다이(일본문학), 미에다아키코, 가와하라노리후미(지리)	난키사(南紀史, 지리)	교토학프로그램	
2010	「교토 역사 회랑 연습 성과 발표회〈다시 전통을 의심하다〉」개최(2010.1.15) 『다시 전통을 의심하다~ 그래서 교토는 재미있다~』(교토 역사 회랑 연습 2010년도 성과 보고서) 발행(2011.3) 『교토 '로부터' 배우다』 발행(2011.3)	가와스미 다쓰노리, 모모사키유이치로	나카모토 다이, 미에다아키코, 가와하라노리시, 기다치마사아키(고고학), 가토마사히로	난키사		
2011		가와스미 다쓰노리, 모모사키유이치로	나카모토 다이, 미에다 아키코, 가와하라 노리시, 기다치마사아키, 가토마사히로	난키사		지역연구학역교토학전공

2012	지역연구학역 교토학 전공 발족, 지역연구학역 1기생 입학(정원=50명) 교토학 프로그램 완성 연도 기념 보고서 『교토'로부터' 배우다』 발행(2013.3) 교토학 프로그램 1기생 졸업	가와스미 다쓰노리, 모모사키유이치로, 다나카사토시	가와하라 노리시, 기다치 마사아키, 가토마사히로	난키사
2013	지역연구학역내에서 3전공으로 구분 (2학기생의 경우)	가와스미 다쓰노리, 모모사키유이치로, 다나카사토시, 스도케이(일본문학)	다키모토 카즈나리(일본문학), 기다치마사아키, 가토마사히로	난키사
2014	「교토학 기초 연구」, 「교토학 필드워크Ⅰ」의 이수 희망에 관한 문제 「리쓰메이칸 교토학 연구회」발족 「교토학 필드워크 연구 발표 다과회」개최 (2015.3.16(월), 오우코쿠문고) 교토학 프로그램 3학기생(최종년도) 졸업	가와스미 다쓰노리, 다나카 사토시, 스도케이	다키모토 카즈나리, 가와시마가즈히토(지리), 야마자키유우코(일본사)	아소 다스쿠(지리)
2015	「교토학 기초 연구」, 「교토학 필드워크Ⅰ」의 이수 희망에 관한 문제 「교토학 전공 뉴스레터」 창간 지역 어드바이저 자원 봉사 인증식(5/26), 기획 점검실시(7/12(일) 구로야) 「아라시전차기찻길산책 지도」프로젝트 시동 「교토학 필드워크 연구 발표 다과회」 및 「아라시 전차 기찻길산책 지도」프로젝트의 발표회」개최 (2016.3.12(토), 오우코쿠문고) 교토학 전공 1기생 졸업	(가와스미 다쓰노리-별세), 다나카 사토시, 스도케이	다키모토 카즈나리, 가와시마가즈히토, 야마자키유우코	아소 다스쿠
2016	『리쓰메이칸 교토학으로의 초대(교토학 전공 팜플렛)』 발행(2016.6) 「아라시전차 기찻길 산책 지도」프로젝트 계속 인턴십 수강생 추가 모집, 다도 문화 연습 정원 초과 문제, 교토학 응용 연구Ⅱ 시간 배분문제 (연 4 학점⇒한 학기 2 학점으로) 지역 어드바이저 자원봉사 인증식(5/24), 기획 점검 실시(2016.7.3(일) 아라시야마) 『리쓰메이칸 교토학 우수 졸업 논문집 2015』 발행 (2016.7)	다나카 사토시, 스도 케이, 가와스미 나오미 (지리)	가와시마 가즈히토(전기), 다구치 미치아키(일본 문학), 야마자키 유우코(후기)	아소 다스쿠
2017	지역 어드바이저 자원봉사 인증식(5/9), 기획 점검 실시(2016.7.3(일) 아라시야마)			

교토학프로그램

지역연구학역교토학전공

연도	내용				구분
	현지의 게이후쿠 전철과 연계, "아라시전차 기찻길 산책 지도" 프로젝트 계속 『리쓰메이칸 교토학 우수 졸업 논문집 2016』 발행(2017.7)	다나카 사토시, 가와스미나오미	가토 마사히로, **고정룡**(고고학), 다구치미치아키	아소 다스쿠	지역연구학역교토학전공
2018	「아라시전차 기찻길 산책 지도」프로젝트 계속, 인턴십 전 「나가에게 주택」 프로그램 추가, 「리쓰메이칸 교토학 우수 졸업 논문집 2017』 발행(2018.7) 지역어드바이저 봉사활동가 나카시마 데이이치 작고, 어드바이저 7인 체제로 변경.	다나카 사토시, **가와스미 나오미**	가토 마사히로, 고정룡, 다구치미치아키	사토 히로타카 (교토학,지리학)	
2019	코로나19에 의해, 필드워크·인턴십 관련과목의 실습 제한, 「리쓰메이칸 교토학 우수 졸업 논문집 2018」 발행(2019.7)	**다나카 사토시**, 가와스미나오미	가토 마사히로, 고정룡, 다구치미치아키	사토 히로타카	
2020	문학부 학역제의 개편에 의해, 교토학 전공을 해체. 이를 대신해 새롭게 학역 횡단형의 「교토학 크로스메이저」가 설치되어 과목수 감소 코로나19로 필드 워크 인턴쉽 과목의 실습 제한 「리쓰메이칸 교토학 우수 졸업 논문집 2019」 발행(2020.7)	다나카 사토시, **가와스미 나오미**	(가토 마사히로, 나카모토 다이) ※세미나+1과목만 담당	사토 히로타카	교토학크로스메이저
2021	필드워크 인턴십 관련 과목의 실습 부분 재개 교토학 연구회에서 온라인에 의한 기온 축제 치마키 만들기를 실시 니시노쿄 즈이키 미코시 보존회의 인턴십에서는 탐방과 인터뷰를 실시하였으며 가마 만들기는 이루어지지 않았음 「리쓰메이칸 교토학 우수 졸업 논문집 2020」 발행(2021.7)	**다나카 사토시**, 가와스미나오미	(가토 마사히로, 나카모토 다이)	사토 히로타카	
2022	교토학 크로스메이저의 3학기생 세미나 2개 개설 11/27.오우코쿠문고아뜰리에에서성과보고회를개최 23년3월,교토학전공의최종학년 졸업	다나카 사토시, **가와스미 나오미**	(가토 마사히로, 나카모토 다이)	마쓰오 다쿠마 (지리)	
2023	니시노쿄 즈이키 미코시 보존회의 인턴십을 5년만에 원래의 형태로 실시 한국 대구의 연구자·시민과 지역학에 관하여 의견 교환 교토학 크로스 메이저 최초의 졸업논문 제출 예정	다나카 사토시, **가와스미 나오미**	(가토 마사히로, 나카모토 다이)	마쓰오 다쿠마 (지리)	

[구분]
회색: 보고서 발행 등
흰색: 학과 주요 사건, 행사

【범　　례】굵은 글씨=교토학 전공 주임~교토학 크로스메이저(XM) 책임자.
【참고문헌】『見て歩いて触れた京都』、『京都文化再認識』、『京都の背中—裏側から見た京都文化—』、『京都「に」学ぶ』、『京都への一歩—古都を知り、未来を描く—』、『伝統を疑う~紡がれた千年の都~』、『伝統に学ぶ/伝統を感じる』、『再び、伝統を疑う~だから京都は面白い~』、『京都に学ぶ—立命館京都学の挑戦—』등을 기초로 작성

【자료 2】

교토학 크로스메이저 이수 편람

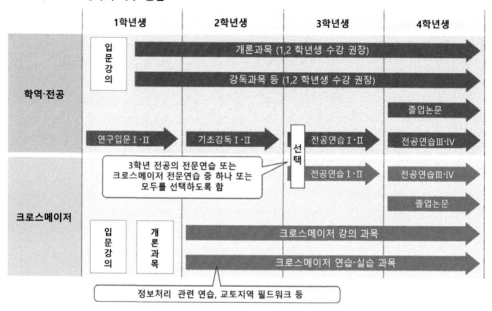

地域社会から学ぶ
- 大学における「京都学」の目的と可能性 -

田中聡*

　日本において京都は、「古都」「文化首都」などと評される歴史都市である。2023年11月現在、covid-19の世界的な感染拡大以前を思わせるように、日本国内や外国からの観光客が戻り、賑わいを見せている。また京都の各大学には「京都学」講座が設置され、多数の学生が学ぶ。日本史学を専攻する私は、2006年以降17年間にわたり、「京都学」の授業を担当し、研究と教育の現場に関わってきた。そこから得た知見の一端を紹介したい。

1. 大量消費される「京都」の一般的イメージ

　私が担当している一般教養の講義科目「京都学概論」（半期15回）では、初回の授業で受講生に「京都のイメージを一言で表す語句は？」というアンケートを取っている。毎年挙げられる語句の代表例をアトランダムに書き出してみる。

＊ 立命館大学文学部教授

古都、和風、寺院・神社が多い、貴族、伝統工芸、舞妓、着物、京野菜、
抹茶、八ツ橋、老舗、伝統芸能の家元、町衆（町人）文化、三大祭（葵
祭・祇園祭・時代祭）、地味、はんなり、いけず、雅、繊細、上品、京こと
ば、計画的街作り、プライド高い、地蔵盆、送り火、東男と京女、侘び寂
び、御所、天皇、本音と建て前、ラーメン、映画の舞台、京ブランド、美化
されすぎ、観光客の多さ、先端技術企業（OMRON・KYOCERA）、大学
の街、学生運動、値段が高い、独特の地名（通り名）、地方を見下す傾
向、湿気、排他的、景観保護、部落差別、京都市外へのアクセス悪い、狭
い路地、交通渋滞、住みやすい／住みにくい

　「京都」という地名は多くの場合、京都市内を指して用いられ、マスコ
ミ等で取り上げられる機会が多く、そこでの印象は「雅で格調が高い」
歴史文化都市、「一見穏やかだが他所者には厳しい京都人」といったも
のである。現代と過去とを直結する、漠然としたイメージが広く共有
されている。例えば、若い女性をメインターゲットとしている旅行雑
誌には、パワースポットが多い京都に来れば幸せになれるとの宣伝文
句が見られる[1]。また、創業100年を越える名店の位置を歴史地図の上に
示し、街歩きを楽しむための地図帳には、国際文化都市という、マスメ
ディアにおいて求められている京都のイメージが明確に表現されて
いる[2]。

1）『TRAVEL STYLE京都2012』（成美堂出版、2011年）の冒頭には、下記のような宣
　伝文句が記されている。「京都におこしやす。名宝・秘宝、美味、絶景と魅力が
　いっぱい。恋愛・金運・健康運となんでもござれ、社寺仏閣が集まる京都はパ
　ワースポットの宝庫。すてきな恋をしたい、幸せになりたい……！ あなたのそ
　んな願いの叶え方、トラベルスタイルがご提案します。とにかく、2011‐2012年
　のKYOTOは、来ればハッピーになれること間違いなし、なんです。」
2）『京都時代MAP　伝統と老舗編』（光村推古書院、2007年）の宣伝文句は以下の通

また、ある不動産会社が京都市中心部に新しい分譲マンションを売り出した際の広告では、京都市街地の中心部に新たに立てられた高級分譲マンションのデザインを、「東山文化の色彩美」を活かした外観、日本特有の「陰翳の美」などと、意味の曖昧な修飾表現を多用して紹介している。近年の京都の不動産屋の新築広告は、建物の造りや周辺の各種施設の充実、交通の便の良さなど、便利さをアピールする一般的な宣伝が多いが、この広告は典型的な京都文化＝日本伝統文化の語り方である。

　このように地方都市＝京都には多様なイメージが重層化されているが、その基盤はやはり歴史と文化である。ところが、現在一般的に共有されている「京都の歴史」には、近代以降に強調され、広められていった理解が多く、研究の進展により歴史的事実では無いと判明した例も多い。また史実の一部分を強調し、過剰な意味づけを行う例もある。

　たとえば、下記に挙げる一般的な理解は、現在の研究でほぼ否定されている。

- 古都平安京は街路が整然と整えられた、典型的な計画都市だった。
- 京都の東を南北に流れる鴨川は人工河川であり、10数年にわたり治水が行われた。
- 祇園祭は中世の武士権力の圧政に対する、民衆からの異議申し立て手段の一つだった。

り。「仏教伝来と共に、さまざまな文物が伝えられました。遙か遠く海を越えて、飛鳥に芽生え、その根を下ろしたのは平安の都でした。やがて、大きく枝を張り、やがて、雅な葉を伸ばし、そして、豊かな蕾を付けて、ついには、優美な花を開きました。茶、はな、香、料理、菓子―。多様な文化は、ときに複雑にかかわりあいながら、千年以上のときを経て、伝統文化と老舗という実を結びました。」

- その主力となった京都中心部に住む町衆（まちしゅう）は、中世以来、数百年にわたって同じ地域に住み続けている。
- 京都ブランドを代表する伝統工芸品である清水焼や西陣織は、第二次世界大戦中に軍部への協力を拒んだ「平和産業」である。
- 現在、京都駅前のランドマークになっている京都タワーの建設に反対したのは、京都の景観が壊れることを危惧した京都の住民だった。

　こうした理解はいずれも実証的に批判・否定されているにも関わらず、現在も一般向けの 書籍に書かれ、マスコミで取り上げられることがある。京都に暮らしていると、この街が 幾重にも纏うイメージの根強さ、重層する文化の厚みを感じざるを得ない現状がある。

2. 地域研究としての「京都学」の現状

　こうした「京都」という場所について考察する地域学＝「京都学」は、京都市や周辺地域の伝統芸能・伝統工芸や衣食文化の成り立ち、平安京以来、江戸時代末に至るまでの「古都」の形成~変容過程、寺社や町家が軒を連ねる独特な景観、特徴的な花街（芸舞妓）、祇園祭や葵祭など古い歴史をもつ祭礼、風俗習慣などを取り上げ、文化史的観点から「京都」の特性を論じるものが多い。歴史学・地理学・社会学・建築学・文学・美術史・人類学といった、基本的なディシプリンが確立している人文学分野の手法に従い、研究者がそれぞれの問題意識から資料を収集して具体的対象に迫るものであり、単一的な「京都学」という学問分野は存在しない。近年は日本の他の地域でも「江戸学」「東北学」「大阪学」「近江

学」「丹波学」といった地域学が標榜されているが、ほとんどの場合、様々な方法論による地域文化論の域に止まり、その地域の独自の方法論を構築する意志が明瞭なものは多くない。

京都地域においては、「奠都」（てんと。天皇家の東京移住）後の京都府域における政治運動や社会問題の実態を解明し、将来の街づくりを展望する近現代史研究も蓄積されているが、これらが上記の「地域文化史」研究とどう結びつくかに関しては、研究者の関心は薄い。

その原因として、以下の3点が挙げられる。まず、各分野の方法論・目的意識が大きく異なるため、共通の検討課題が立てにくいこと[3]。検討する時代や地域資料の範囲が限定され、地域にあるが未整理のまま埋もれている貴重な資料を見落とす傾向がある。二点目は、教育現場における多様性と京都像の偏りの大きさである。2023年現在、「京都学」の講座がある大学は、立命館大学、京都産業大学、京都芸術大学、龍谷大学の4校で、他大学の京都学関連授業を学べる「大学コンソーシアム」もあるが、多くの大学で学ばれているのは考古学の発掘成果、狂言・能、落語、音楽（三味線・フォーク）、日本画壇、民俗風習（祭など）等であり、その分野の専門家が市民や学生に講義する形式が多い。伝統文化への高い関心に応え、観光業振興に結びつくような知識教育が求められる傾向にある。こうした講座では明るい面・美しい面のみが取り上げられ、

---

3) 例外として、既に20年近い活動蓄積を有する「平安京・京都研究集会」がある。毎回テーマを変えて歴史都市京都に関する分野を越えた共同研究を行う。「戦国時代京都の上京・下京」「中世京都の都市複合体」など、遺構や建築図面から判明した前近代の都市空間の実態を、考古学・文献史学・建築史などの専門家が論じ、大きな成果を挙げている。

ネガティブな側面に関しては無視されることが多く、現状に対する批判的な視点を含まない、一面的な京都理解に陥りやすい。

　三点目は、京都住民との関係が充分に構築されていない、一方向的な研究・教育である。研究者の問題意識が特定分野に偏り、住民のもつ複雑な京都に対する感情や、歴史意識への関心が薄い。その結果、膨大な数が眠っている地域資料の発掘が大きく立ち遅れ、また戦争体験や植民地支配への荷担、占領期の生活実態など、文字に残りにくい住民の過去の記憶についての調査も進んでいない。

　かつて本学の京都学専攻に所属していた日本文学研究者は、こうした傾向を持つ「京都学」の現状について、言説を以下の4つに分類した[4]。

a) 営みとしての〈京都学〉：京都について伝統と革新の共存などを学ぶ
　　　　　　　　　　　　　　行為そのもの
b) 知識としての〈京都学〉：『雍州府志』など書籍や自然環境などの知識
　　　　　　　　　　　　　　の集積
c) 地域のための〈京都学〉：観光などによる地域再生・振興の材料を提供
d) 学問領域としての〈京都学〉：日本全体を視野に入れ、京都の本質を解明

　これらは個別に展開するのではなく、相互関連のもとで進められつつあるが、独自の方法論や充分な「地域への研究成果の還元」にまでは至っていないのが現状である。未だ成立過程にある京都学のこの自由

----

4) 須藤圭「京都学を俯瞰する‐解釈の多様性と揺れをめぐって‐」『立命館文学』649、2017年）。

さを見て、大学生たちは京都という歴史の場に関する素朴で多様な興味を活かした研究が出来ると感じている。そうであれば、学ぶ主体が地域社会に向き合って日々得ている実感と、そのことの歴史的な意味の説明をつなぐ役割を、「京都学」研究は負わねばならない。単に地域の歴史や文化を知るのみでは、現代社会に溢れる「京都」をめぐる不確定な言説の海に飲み込まれるだけである。では、京都という場がもつ豊かな文化的価値と、長い歴史のなかで蓄積されてきたネガティブな要素（差別や偏見、排外的な姿勢等）との、いわば「京都文化の光と影」の両方を捉える視点や方法は、どうしたら獲得できるだろうか。その鍵は地域住民との関係にあるのではないか。

3. 住民と共に学ぶ地域学 – 新たな京都学の試み

1) 文学部内の「京都学」講座設置と展開

立命館大学は現在、京都府京都市・滋賀県草津市・大阪府茨木市にキャンパスを展開し、私が勤務する文学部は京都市北区の衣笠地区にある。従来、京都研究をメインにした授業は設定されておらず、京都地域をフィールドとする実習科目が文学部や産業社会学部に散発的に開かれている状況だった。2005年以降、明確に京都研究を核とする講座が文学部内に設けられることとなり、2006年から全体を横断する共同授業として「京都文化リサーチ」が設置され、歴史学・考古学・文学・地理学の教員が京都の文化に関する各種講義を行った。筆者はこの時点から「立命館京都学」に携わっている。以下、その立ち上げの経緯について簡単に説明したい。【資料1 関連年表参照】

2005年、人文学の各学問分野を越えた協業を進める場として、「人文総合科学インスティテュート総合プログラム」を設け、その基幹科目として、学科・専攻を越えた受講生を募る「京都文化リサーチ実習」が開講された。報告者は「京都の土と社会」というテーマリサーチゼミの副担当者として、考古学教員（木立雅朗氏）とともに京都の陶磁器に関する調査や、密接に関係する食文化についての実習授業を行う形で参画した。2006年、立命館大学は文部科学省の現代的教育ニーズ取組支援プログラム（現代GP）に「人文学的知の地域還元で変わる歴史都市京都」のテーマで応募し採択される。豊富な資金を得て新たに専任教員（任期制）1名・研究事務員2名・他専攻からの補助教員数名の体制を設け、事務室も新設された。

　2008年、多彩なフィールドワークと地域住民との連携を特色とする「京都歴史回廊プログラム」を新たに設置し、フィールドワーク中心の実習クラスを開講した。このクラスは総勢20名前後で、特筆すべきは、各学科から集まった20歳前後の学生と、京都文化の授業を学んでいる社会人受講生が2：1の割合で机を並べ、共に学んだことである。社会人の受講料は無料であり、仕事の一線から離れ、興味があった京都文化や歴史について学び直したいという意欲の高い60~70歳代の地域住民が2年間にわたり基礎的な訓練を受けて卒業論文に見あう内容の修了レポートを提出した。学外への実習が盛んに行われ、「学びの場」としての京都地域の持つ大きなポテンシャルが実感されることとなった。当時、京都への日本内外からの観光客は増加の一歩を辿り、自治体収入のなかで大きな割合を占めていったが、同時に「観光公害」（多すぎる観光客により、観光地周辺の自然環境が悪化し、落ち着いた日常が失われ

た)が問題となる。また住民の高齢化・少子化が進む中で小中学校の統廃合が相次ぎ、市中心部の住民の入れ替わりも起こっており、改めて「京都人」「京都文化」とは何かを、住民の視点で考える必要があることが広く共有されるに至った。

これが基盤となって、2009年に専攻に準ずる形で単独の専攻に相当する「京都学プログラム」が文学部内に設けられ、専任教員2名、補助教員3~5名に増員されたのである。

2012年、文学部の組織改革にともない、現行の8学域・18専攻が誕生した際、地理学を主体とする「地域研究学域」が新設され、京都学プログラムは「京都学専攻」と形を変え、この学域の下に地理学専攻・地域観光学専攻とともに組み込まれた。筆者は本学日本史学専攻出身で、研究テーマの一つが「京都の地域資料にみる住民の歴史意識」であったこともあり、2006年度から上記の科目を担当し、2012年に京都学専攻の専任教員となった。以上が講座設置までの経緯である。

2) 京都学専攻の成果と課題

京都学専攻を担当するなかで、筆者は新しいものを創り出すことの困難と、それゆえの面白さを味わった[5]。おそらくこれは、専門分野であ

---

5) 筆者(田中)自身の近年の取り組みを挙げると、①大学生が70年前に作成した紙芝居『祇園祭』(1952年)の復活上演、②17世紀のころに活躍した金属加工業者(三条釜座鋳物師)の実態について、各地に残された梵鐘の銘文と鋳物師の家の古文書から職人組織を復元する。③アジア太平洋戦争期の一般住民・兵士の生々しい体験談を記録する。④歴史マンガのなかの京都イメージと実像との比較研究。⑤京都に関する半世紀に及ぶ新聞スクラップ集の整理。⑥近現代教育資料の発掘とデータベース化等があり、これら住民が残した多種多様な地

る日本史学しか見ていなければ経験することがまず無い点であろう。

京都学専攻専属の専任教員は2名（私＝日本史学と同僚＝地理学）のみで、他に地理学・地域観光学専攻から1名、日本文学研究学域から1名、日本史研究学域から1名が3年任期で移籍し、さらに5年任期の特任助教1~2名が加わり、計6~7名の教員体制を組んで運営した。任期の関係で毎年起こる教員の交替は専攻運営に流動性と可変性をもたらし、多様な問題関心に対応出来る余裕があった反面、長期的に安定した教学を展開しにくい構造であった。京都学専攻には毎年、40名を越える日本内外からの進学希望者があり、問題関心も多様で、対応が大変な場合もあったが、バラエティ豊かな教員が学生に即した指導を行った。各分野の教員から京都について多面的に学べる体制は魅力的だったようで、異なったディシプリンを併行して学べる体制が整ってゆくところに他にない強みがあった。

たとえば歴史考古学の教員は、伝統工芸の職人を招いて実際に作品を作りつつ聞き取りも行う実習を始め、立命館京都学の独自性が最も表れた人気科目となった。また日本中世史の教員は、中世以来の祭礼の原型を今も伝える西之京瑞饋神輿（にしのきょう・ずいきみこし）保存会での

域資料を掘り起こし、若手研究者とともに資料目録を作りつつ、関連する地区の住民の話を聴き取る作業を続けている。その過程で研究者は一方的な思い込みや誤認を正し、住民は私的な記憶と当時の全体的な状況とのズレを知り、地域文化の光と影の両側面について考察する新たな視座を得ることが出来る。片方が他方を利用・消費するのではなく、相互的な協力関係を恒常化し、京都の複雑な実態を解明して、今後の発展方向を地道に考えてゆく。私が考える京都学とは、研究者と地域住民の間を往復して互いに学び合う「一種の文化運動」であり、これを「京都運動」と呼びたい。

参与観察型インターンシップを立ち上げ、受講生は実際に農作物などで作られる神輿を作る作業を地域住民とともに行いながら、祭りを受け継いできた人々の思いを聴き取り、その価値について実践的に考える貴重な経験を得る[6]。地理学・地域観光学の教員は、学生と共に繁華街のフィールドワークを行い、成果の一端を卒業生とともに本にまとめた[7]。

以後10年余、この教員体制を維持しつつ、日本史・地理学・日本文学ののべ12名の専任教員と、10名ほどの非常勤講師により専攻科目を運営してきたが、2020年度の文学部全体の教学体制の再編により京都学専攻は廃止され、代わりに文学部の各学域から選択できる学部横断的な「クロスメジャー」の一つとして再編された。これに伴い筆者の所属先も、京都学専攻から日本史学専攻へと変更し、京都学関係の科目を主に担うこととなる。

現在の「京都学クロスメジャー」は、前身である「京都学専攻」から基本的なコンセプトを引き継ぎ、独自性の高い講義・実習科目を設置し、学生のニーズに応えている。特徴的な科目の内容を一部紹介したい。

① 京都学概論（文学部の基幹授業の一つで各学域の学生が選択受講）、京都学（3キャンパスで4クラス展開。文学部以外の受講生も多い）

いずれも200~300名規模の講義科目である。シラバスの一部を下に挙げる。

また授業スケジュールと毎回のテーマは以下の通り（後期全15回、90分講義）。

---

6) 当時担当教員であった三枝暁子東京大学准教授が、その経験について著書に纏めた。同『京都天神をまつる人びと─ずいきみこしと西之京』、岩波書店、2014年。
7) 加藤政洋『モダン京都─〈遊楽〉の空間文化史』、ナカニシヤ出版、2017年。

授業の概要と到達目標

この授業では、歴史学の立場から、時代毎の京都の変遷を考察します。京都に対する一般的なイメージの基盤を構成する主要な要素 –「雅な平安京」(古代)・「祇園祭は町衆の祭」(中世)・「学問と伝統文化の都」(近世)・「東京遷都による没落から観光都市として復興」(近現代) 等 – を取り上げて、こうしたイメージを支える根拠 (史料・研究) を再検討し、各時代の実相を理解すると共に、そうした京都観が拡がる歴史的背景や意味について問い直します。マスコミや観光関係等、一般に流布する印象論的な「京都」像を相対化するための視点を得て、地域研究の方法の基礎を養うことが主な目標です。

1一般的な「京都」像の現状、2・3平安京研究の歩み、4・5平安京の虚像と実像(1) 前期平安京の構造、(2)都市住民の生活実態、6・7中世京都への転換 (1)都市化する郊外(2)町衆」像の形成と実態、8祇園祭と「町衆」の関係、9・10「古都」の景観・文化の形成 (1)豊臣秀吉政権の都市改造、(2)学問・工芸都市京都、11・12・13近代京都の模索(1)「奠都」の衝撃、(2)伝統産業の変容、(3)軍隊・戦争の影響、14・15観光地京都と環境問題(1)、(2)講義のまとめ8)。

筆者自身の地域資料研究の成果を基に、最新の研究を紹介しつつ、一般的な京都イメージと実態との差を示し、その意味を考える内容の講義である。たとえば第14回では、下記の地域住民からのインタビュー音声を聴き、占領期の生活を体感する。

---

8) 他キャンパス「京都学」では上記の内容を8回に短縮して講義する。残る7回は日本文学や地理学の講師がリレー講義する形となっている。

占領当時を知る人（89歳）のインタビューより（2017年）

田中：四条とか堀川の辺りに戦後も闇市が在りました？

「ありました。戦後も（売値が）高い。でも何でもあるねん。お菓子にね、どこから 集めてきはるのかね。そのかわり値段はうんと高い。普通の庶民は買えへんわね。」

田中：それでも人は沢山集まってました？

「見に行ったり、匂い嗅いだり。情けないと思うけどしょうがない。」

田中：その頃って新婚さんでしょ？ どうやってご飯の材料とか買ってました？

「着物を替えて、百姓やさんで。」

田中：タケノコ生活みたいな感じですか？

「そうですね。百姓さんの家に行くんです。そこで替えてもらうんです。向こうで値打ちみて、これやったらこのくらいのお米しか渡せへんなと。経済警察ちゅうのが居て、ほいで見つかったら、せっかく買うたお米でもメリケン粉でも、背中に負うて走って逃げて捕まったら取り上げられる。私も、生身で走って逃げましたで。列車から飛び降りて、走れーって皆言わはるさかい、どこや分からへんねけど、うわーって走って、しばらくしてもう居いひんかなと思って、こうして見て、列車が動いたらまた乗って京都へ帰ってきて。市電に乗ろうと思うてもあらへんし、歩いて 京都駅からここ（四条新町下がる）まで歩いてました。」

田中：列車って国鉄というか省線でしょ？ どの辺の農家まで行ってはったんですか？ 京都の近く？

「名張（なばり）とか。私行ったんは名張でした。三重県の名張。」

田中：ええー、皆この辺の人って大体その辺りまで行ってたんですか？

「色々。伝手伝っとって行かはって。うちは従妹の伝手があって、名張の方にね、駅降りてうんと1里以上歩きました。そこへ行ってメリケン粉分けたげるて言わはって、ほいでただ貰うのと違うてお金出して、メリケン粉ちょっと。ほんで持って帰って水団（すいとん）が出来る。そういうので行ってました。もうその日その日食べるもん汲汲として、ほんで芋の蔓を嵯峨の駅前で売ってるという噂聞いたらそこまで歩いて買いにいきました。芋の蔓って物凄ご馳走やってん。」

西陣織業界では絹糸を使用出来る業者が厳しく制限されていたため、1945年末に実際 に稼働できていたのは戦前までの僅か3％程度に過ぎなかった。国による指定生産品の 公定価格が安く、高級な銘仙を織って売ってもイワシ1kg余、大根4kg弱分の値段しかつかず、重労働に見あう収入にならないため、一部の業者はヤミのブローカーを通して絹糸を入手し、占領軍兵士の土産物として上質の織物を織り、公定価格の10～20倍の価格で売ったため、1946年10月に約300人が摘発された（『夕刊京都』記事より）。

京言葉そのままに語られる実際の体験談や、上記のような当時の新聞記事などから、一般に知られている学校の歴史教科書的な知識とは異なった、地域住民の生々しい記憶を知り、いわば「小文字の歴史」を語る視点を示すことを意識している。

② インターンシップ授業 京都学リージョナルスタディ／人文特別研修

京都市周辺の公立博物館施設（京都府立総合資料館、山城郷土資料館、京都市歴史資料館、大山崎町歴史資料館など）や宇多野ユースホステル、祇園祭鉾町の京町家等での活動を通して、地域起こしの現場に立ち会い、地域の人々と共同でインターンシップを行う。

また社会人受講生を導き手として、学生が関心を持つテーマに即した街歩き企画を立て、一般市民を募り、京都各地を案内する2科目が開講されている。

(a) 西之京瑞饋神輿保存会インターンシップ

　京都市の「大将軍地区」周辺で、1500年代まで遡る歴史を有する「ずい
き祭」が現在も行われている。京都市内でも有数の古さを誇る伝統的な
祭礼であり、その特色は、北野天満宮の氏子である「神人」(じにん) が
中心となり、農作物を用いた神輿を毎年手作りして、10月初めに町内を
巡行することである。受講生は、豊作を祈願する村の祭りの古い形態を
色濃く残す、貴重なこの祭礼に参加し、神輿作りから巡行までを多様な
地域住民＝保存会員と共に体験しつつ、参加者の意識や思いをインタ
ビューし、写真に収め、記録してゆく。実地で学んだ貴重な内容はブロ
グ「ずいき日和」にアップしており、これを見れば活動内容が分かる9)。

(b)「長江家(ながえけ)住宅」での資料整理・屏風祭での資料展示

　京都市指定有形文化財の「長江家住宅」http://www.nagaeke.jp/　は伝統
的な大規模京町家であり、ここを研修の場として、障子や掛軸などを夏
らしい設えに取り替える「調度替え」、祇園祭の時期に行われる「屏風
祭」など伝統的な習俗を体験するとともに、蔵に所蔵されている資料
の調査を行って、展示を作り見学者への解説を行う。呉服屋だった長江
家の京町家の建物と、当主が継承してきた様々な生活用具・調度品・屏
風などを実見し、その文化史的価値を調べて紹介する実践的な授業で
ある。

---

9)「ずいき日和」https://zuiki2012.hatenadiary.org/(最終閲覧日：2023年11月5日)

③ 京都伝統工芸に触れ、課題について学ぶ

京都で現在も作られ続けている各種伝統工芸品（西陣織、友禅染、水引、京扇子、念珠、和鏡、京瓦、伏見人形、京独楽、和菓子など）の職人さんをゲストに招き、現状についてインタビューし、実際に工芸品を作ることで、伝統工芸が直面している高齢化や原料費の高騰、購買者の減少傾向などの課題や、業界が追求する可能性等を実地で考える。

授業の概要と方法　テーマ「京都の伝統工芸」

京都ではさまざまな「伝統工芸」が存在する。メディアなどで華やかにとりあげることもあるが、売り上げの低迷や高齢化・後継者不足などの課題も多い。そうした なかでも真摯に仕事にとりくみ、積極的に挑戦している職人さんたちを講師として お呼びし、直接お話をうかがう。職人さんたちの様々な苦労や思いについて伺いながら、「伝統を伝える」ために、どのような工夫がされているのか、職人さんの目から職人さんたちを取り囲む社会の有り様について、職人さん達と対話しながら考え、レポートを作成する。

講師のお話やお仕事にかかわる体験を通じて、京都のさまざまな伝統工芸の現状や具体的なお仕事内容をより深く理解する。聞き取り調査は授業内で練習や振り返りをおこない、調査法への理解や習熟をおこなう。また、作成したレポートは講師に学期終了後お渡しする予定。なお、土日などを利用して直接、工房見学等を行なう場合がある。また、受講内容や予定は、新型コロナウイルス感染症の感染拡大状況や受講生の人数などにより変更の可能性がある。

この他にも、中国・韓国の留学生と本学学生とがそれぞれの国の
キャンパスを巡回して学ぶ本学独自の「キャンパスアジア・プログラ
ム」(CAP) の科目「日本研究」で、京都文化マップを作成する (2021年
度) など、実践的な科目を揃えている点が独創的である。

　以上のように、立命館大学の「京都学」講座は、京都の観光業に資する
ことを主目的とした他大学の京都学講座にはない、独自の取り組みを
積み重ねてきた。単に京都を研究対象として一方的に消費したり、通説
的な「雅な古都」イメージを増幅・反復するのではなく、「京都「に」学
ぶ」、つまり地域住民との協業によって教育・研究の場を構築し、相互関
係のもとで新たな京都像を創ろうと試みている。「京都学プログラム」
や「京都歴史回廊プログラム」で学んだ元受講生等が地域アドバイザー
・ボランティアに就任し、教員を補佐して学生らの研究を助け、また近
代京都に関する資料の検討会を毎月行うなど、生涯教育に発展した取
り組みもある。

　今後に残された課題は、従来の専攻制から京都学クロスメジャーへ
と転換したことにより、実践的な実習制度を支える財政基盤が弱体化
したことである。また、京都学クロスメジャーは独立した専攻ではな
く、各学域を横断する副専攻であり、2回生から受講出来るというカリ
キュラムの組み立てが分かりにくいため、受講希望者が少しずつ減少
傾向にある点も大きな課題となっている[10]。京都の現状を見すえなが
ら、大学をはじめとする教育機関において地域社会との連携を進め、
資料発掘やデータベースの相互利用が行える研究体制を作ってゆく。

---

10) 末尾の資料2を参照。

また地方自治体を中心に、研究成果を常時見学出来る博物館施設を作り、その価値を日本内外に広く発信する。その運用には住民が中心となって当たり、次世代に継承していくといったことが課題となるだろう。重要なことは、研究者と住民が地域で孤立せず、互いへのリスペクトをもって学び合うことだろう。

立命館京都学は、京都学プログラムから専攻へ、多くの教員・学生が地域社会と手を携え、「伝統を疑う」独自の視点をもちつつ歩んできた。授業、研究会や会議の場で、教員・受講生・地域住民が繰り返し議論し、考えてきたのは、これから「京都学」をどう創っていくかということである。京都という魅力的な場で地域社会と向き合い、不断に生まれる地域知から学ぶことで、人文学本来の実践的な知のあり方を取り戻したい。また、国内外における「地域学」の現場との対話を進め、互いに学びたい。路は未だ半ばである。

【資料1】立命館大学「京都学」講座の略年表（2006年~現在）

更新作業　2016.7.28.→2022.11.27→2023,5,5~2023.11.6

年度	出来事	スタッフ(敬称略)			専攻・プログラム構成
		京都学所属教員	他専攻専任教員	実習助手（14年度以降は特任助教）	
2005	「京都文化リサーチ実習」開講				
	『文化的景観（北山杉の林業景観）保存・活用事業　報告書』発行（2006.2）				
2006	現代GP「人文学的知の地域還元で変わる歴史都市京都—「京都歴史回廊プログラム」の地域連携—」採択（~2008年度）	瀬戸寿一（地理）	三枝暁子、小山俊樹、田中聡、武知正晃（4名とも日本史）		人文総合科学インスティテュート総合プログラム
	立命館大学 現代GP「人文学的知の地域還元で変わる歴史都市京都」採択記念シンポジウム「今よみがえる京都歴史回廊」開催（2007.1.27（土）、於立命館大学衣笠キャンパス以学館2号ホール）				
	『洛西特集 きぬさらん 学生が選んだお勧めスポット23+1』発行（2007.2）				
	『京都文化再認識（立命館大学二〇〇六年度 文学部イノベーションプログラム 京都文化リサーチ実習Ⅲ・Ⅳ）』報告書発行（2007.3）				
	『私たちのみた京都文化（立命館大学 京都文化リサーチ実習 2006年度 報告書）』発行（2007.3）				
2007	フィールドワーク中心の実習クラス開講	瀬戸寿一	田中聡、小山俊樹		
	『「京都歴史回廊概論」講義報告集』発行（2008.3）				
	『見て歩いて触れた京都（立命館大学 京都歴史回廊実習2007年度報告書』発行（2008.3）				
	『立命館大学 文学部 京都学関連ゼミナール2007年度 研究発表会 学生発表論文集』発行（2008.3）				
	『京都の背中—裏側から見た京都文化—（立命館大学二〇〇七年度 文学部イノベーションプログラム 京都文化リサーチ実習Ⅲ・Ⅳ）』報告書発行（2008.3）				
	『きぬさらんができるまで（2006年度・2007年度　テーマリサーチ型ゼミナール 新しい観光ガイドブックを作る—地域の魅力再発見—報告集）』発行（2008.2）				

年	事項				
2008	「京都歴史回廊演習」開講 「京都らしさを考える」写真ワークショップ開催 (2008.12.7) 『京都「に」学ぶ』発行 (2009.3) 『京都への一歩―古都を知り、未来を描く―(立命館大学・京都歴史回廊プログラム「京都歴史回廊プロジェクト研究Ⅰ・Ⅱ」2008年度 報告書』発行 (2009.3) 『京都歴史回廊演習 2008年度報告書』発行 (2009.3) 『人文学的知の地域還元で変わる歴史都市京都―「京都歴史回廊プログラム」の展開による地域連携―事業報告書』発行 (2009.3)	瀬戸寿一	田中聡、三枝暁子、加藤政洋(地理)		人文総合科学インスティテュート総合プログラム
2009	京都学プログラム発足、京都学プログラム1期生入学 「京都歴史回廊演習成果発表会〈伝統を疑う〉」開催 (2010.1.16) 『伝統を疑う~紡がれた千年の都~』(京都歴史回廊演習二〇〇九年度成果報告書 発行 (2010.3) 『伝統に学ぶ/伝統を感じる』(京都歴史回廊プロジェクト研究Ⅰ/Ⅱ)2009年度報告書 発行 (2010.3) 『京都「に」学ぶ』発行(2010.3)	河角龍典(地理)、桃崎有一郎(日本史)	中本大(日本文学)、三枝暁子、河原典史(地理)	南紀史(地理)	京都学プログラム
2010	「京都歴史回廊演習成果発表会〈再び伝統を疑う〉」開催(2010.1.15.) 『再び、伝統を疑う~だから京都は面白い~』(京都歴史回廊演習二〇一〇年度成果報告書)発行 (2011.3) 『京都「に」学ぶ』発行(2011.3)	河角龍典、桃崎有一郎	中本大、三枝暁子、河原典史、木立雅朗(考古学)、加藤政洋	南紀史	
2011		河角龍典、桃崎有一郎	中本大、三枝暁子、河原典史、木立雅朗、加藤政洋	南紀史	

年	出来事				
2012	地域研究学域 京都学専攻 発足、地域研究学域1期生入学（定員＝50名） 京都学プログラム完成年度記念報告書『京都「に」学ぶ』発行（2013.3） 京都学プログラム1期生 卒業	河角龍典、桃崎有一郎、田中聡	河原典史、**木立雅朗**、加藤政洋	南紀史	京都学プログラム
2013	地域研究学域内で三専攻に分属（2回生時）	河角龍典、桃崎有一郎、田中聡、須藤圭（日本文学）	**瀧本和成**（日本文学）、木立雅朗、加藤政洋	南紀史	
2014	「京都学基礎研究」、「京都学フィールドワークI」の履修希望に関する問題 「立命館京都学研究会」発足 「京都学フィールドワーク研究発表お茶会」開催（2015.3.16（月）、於櫻谷文庫） 京都学プログラム3期生（最終年度）卒業	河角龍典、**田中聡**、須藤圭	瀧本和成、河島一仁(地理)、山崎有恒（日本史）	麻生将（地理）	地域研究学域京都学専攻
2015	「京都学基礎研究」、「京都学フィールドワークI」の履修希望に関する問題 『京都学専攻ニューズレター』創刊 地域アドバイザーボランティア認証式(5/26)、企画巡検実施（7/12（日）於黒谷） 「嵐電沿線まち歩きマップ」プロジェクト始動 「京都学フィールドワーク研究発表お茶会」および「「嵐電沿線まち歩きマップ」プロジェクトの発表会」開催（2016.3.12（土）、於櫻谷文庫） 京都学専攻1期生卒業	（河角龍典－逝去）、**田中聡**、須藤圭	瀧本和成、河島一仁、山崎有恒	麻生将	
2016	『立命館京都学への招待（京都学専攻パンフレット）』発行（2016.6） 「嵐電沿線まち歩きマップ」プロジェクト継続 インターンシップ受講生追加募集、茶道文化演習定員超過問題、京都学応用研究II時間割問題（通年4単位⇒半期2単位へ） 地域アドバイザーボランティア認証式(5/24)、企画巡検実施（2016.7.3（日）於嵐山） 『立命館京都学 優秀卒業論文集 2015』発行（2016.7）	田中聡、須藤圭、河角直美（地理）	**河島一仁(前期)**、田口道昭（日本文学）、**山崎有恒(後期)**	麻生将	

年	出来事				地域研究学域 京都学専攻	京都学クロスメジャー
2017	地域アドバイザーボランティア認証式(5/9)、企画巡検実施(2016.7.3(日)於嵐山) 地元の京福電鉄と組み、「嵐電沿線まち歩きマップ」プロジェクト継続 『立命館京都学 優秀卒業論文集 2016』発行(2017.7)	田中聡、河角直美	加藤政洋、**高正龍(考古学)**、田口道昭	麻生将		
2018	「嵐電沿線まち歩きマップ」プロジェクト継続、インターンシップ先に「長江家住宅」を加える、『立命館京都学 優秀卒業論文集 2017』発行(2018.7)地域アドバイザー・ボランティアの中嶌悌一氏逝去、アドバイザーは7名に。	田中聡、**河角直美**	加藤政洋、高正龍、田口道昭	佐藤弘隆(京都学・地理)		
2019	コロナ禍により、フィールドワーク・インターンシップ系科目の実習が大きく制限される、『立命館京都学 優秀卒業論文集 2018』発行(2019.7)	**田中聡**、河角直美	加藤政洋、高正龍、田口道昭	佐藤弘隆		
2020	文学部学域制の改変により、京都学専攻を解体。これにかわり新たに学域横断型の「京都学クロスメジャー」が設置され、科目数が減る。コロナ禍により、フィールドワーク・インターンシップ系科目の実習が大きく制限される、『立命館京都学 優秀卒業論文集 2019』発行(2020.7)	田中聡、**河角直美**	(加藤政洋、中本大)※ゼミ+1科目のみ担当	佐藤弘隆		
2021	フィールドワーク・インターンシップ系科目の実習を部分再開。京都学研究会でオンラインによる祇園祭ちまき作りを行う。西之京瑞饋神輿保存会のインターンシップでは巡見とインタビューを実施し、神輿作りは行わず。『立命館京都学 優秀卒業論文集 2020』発行(2021.7)	**田中聡**、河角直美	(加藤政洋、中本大)	佐藤弘隆		
2022	京都学クロスメジャーの3回生ゼミを2つ設ける。11/27 櫻谷文庫大画室にて成果報告会を開催。23年3月、京都学専攻の最終学年が卒業。	田中聡、**河角直美**	(加藤政洋、中本大)	松尾卓磨(地理)		
2023	西之京瑞饋神輿保存会のインターンシップを5年ぶりに通常の形で実施。韓国大邱の研究者・市民と地域学に関して意見交換。京都学クロスメジャー初の卒論提出あり。	田中聡、**河角直美**	(加藤政洋、中本大)	松尾卓磨(地理)		

報告書類	出来事

【凡　例】太字=京都学専攻主任～京都学クロスメジャー(XM)責任者。
【参考文献】『見て歩いて触れた京都』、『京都文化再認識』、『京都の背中―裏側から見た京都文化―』、『京都「に」学ぶ』、『京都への一歩―古都を知り、未来を描く―』、『伝統を疑う～紡がれた千年の都～』、『伝統に学ぶ/伝統を感じる』、『再び、伝統を疑う～だから京都は面白い～』、『京都に学ぶ―立命館京都学の挑戦―』等をもとに作成した。

第4章 地域社会から学ぶ

【資料 2】

[クロスメジャーの履修イメージ]

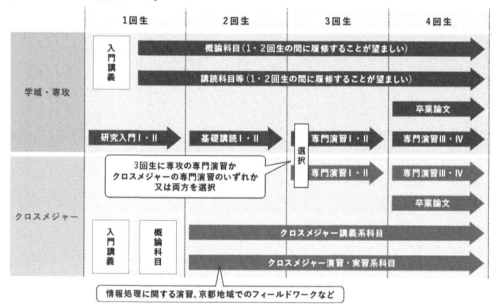

제5장

동아시아 천년 수도의 궁궐 유적

- 서라벌, 장안성, 헤이안쿄를 중심으로 -

권응상*

1. 머리말 – 한, 중, 일의 고건축물

　세계적으로 천년 수도는 다섯 곳에 불과하다. 이탈리아의 로마, 튀르키예의 이스탄불(콘스탄티노플), 그리고 우리나라의 경주(서라벌), 중국의 시안(장안), 일본의 교토(헤이안쿄)이다. 천년 수도 세 곳이 동아시아에 있다는 사실은 동아시아 문명의 역사와 찬란함을 보여준다 할 것이다. 그러나 서양의 두 도시에 비해 남아 있는 유적, 특히 궁궐 유적이 미약하여 상대적으로 그 역사성을 느끼기 어렵다. 이 글은 동아시아 세 도시의 궁궐 유적을 일별함으로써 천년 수도로서의 역사성과 정체성을 돌아보는 시론이다.

　한국, 중국, 일본의 고건축물들은 매우 유사하여 동아시아적 동질

---

* 대구대학교 문화예술학부 교수

성을 느낄 수 있다. 세 나라 모두 기와지붕의 목조건물이므로 서양 사람들은 그 차이를 거의 분간하지 못할 정도이다. 세 나라는 역사와 문화에서 공유하는 자산이 많고, 서로 밀접하게 교류하며 상호작용해 왔기 때문이다. 그러나 각 나라의 대표적인 건축물을 보면 비슷한 듯 다른 고유의 모습이 보인다. 세 도시의 궁궐 유적도 마찬가지이다. 이러한 차이는 지역과 환경에 따른 생활방식과 축적된 문화와 관념 이 만들어내는 그 나라 고유의 문화에 기인한다 할 것이다.

우선 색상과 구조에서 그 차이가 나타난다. 우리나라는 주로 검은 색, 초록색, 빨간색, 흰색, 남색 등의 색상을 사용했다. 중국이 자연을 인위적으로 만들고, 일본이 자연 친화적으로 꾸몄다면 우리의 건축은 자연과 어우러지는 조화를 추구했다. 자연에서 가져온 돌이나 나무를 별로 가공하지 않고 그대로 건축 재료로 쓰는 등 자연 그대로의 재료 와 지형을 활용하여 특유의 자연미를 보여준다. 그것은 일반 건축 뿐 아니라 경주에 남아 있는 월성 궁궐터에서도 확인된다. 월성은 중국의 장안성이나 일본의 헤이안쿄와 달리 남천을 등진 북향 구조 에다 자연 지형을 그대로 살린 비정형의 배치를 보여준다. 또한 우리 한옥의 지붕은 자연스럽고 편안한 기와 처마의 곡선이 두드러진다. 이처럼 우리의 건축은 자연에 순응하며 지형 그대로를 활용해 자연 과의 조화를 이룬다. 또한 안정적이고 편안한 느낌으로 부드럽고 단 아한 미가 돋보인다.

이에 비해 중국은 주로 빨간색, 주황색, 금색, 파란색 등 강렬한 색상을 사용한 경우가 많다. 또한 건축물의 좌우 대칭을 중시하고,

장식적이고 규모가 크다. 그래서 중국 건축물은 장대함과 웅장함을 느낄 수 있다. 단층 건물을 2, 3층으로 보이도록 지붕 밑에 차양을 이어 달기도 하는데, 이것도 중국 건축에서 자주 볼 수 있는 특징 중 하나이다. 중국의 건축은 전체적으로 웅장하고 화려한 스케일이 돋보인다.

일본은 흰색, 회색, 빨간색, 초록색 등 다소 어두운 색상을 주로 사용했다. 비대칭적 건물과 정원이 많은 구조로서, 절제된 화려함이 묻어나온다. 비와 눈 같은 자연재해 때문에 지붕은 직선적이고 경사가 크며, 습한 기후로 인해 개방적이고 통풍이 잘되는 건축을 추구했다. 일본의 건축물은 전체적으로 간소하고 섬세하다. 절제된 화려함과 일본의 축소 지향적인 문화를 엿볼 수 있다.

세 나라의 이러한 차이는 나라마다 추구하는 정서나 문화에 차이가 있기 때문이다.

중국은 광활한 대륙을 바탕으로 거대하고 웅장한 건축물을 지음으로써 세계의 중심이라는 중화의식을 드러내려고 하였다. 따라서 권위적이고 인위적인 건축물이 많다. 역사와 전통을 중시하며 독자적이고 수준 높은 문화임을 과시하기 위한 목적일 것이다. 황제 중심의 국가로서 부와 권위를 과시하기 위함이다. 일본은 기후와 지역의 영향을 많이 받았다. 습기가 높고 여름이 덥기 때문에 개방적이고 강수에 대비한 건축이 발전하였다. 또한 일본은 중국 건축 양식을 바탕으로 일본의 고온다습한 기후와 지진이 잦은 지역 특성에 맞는 자신들만의 건축 양식을 발전해나갔다. 이처럼 일본은 자국의 사정에 맞는 기후적, 지역적 특성을 고려한 건축물을 지었고 일본 문화의 특성인 간소함과 섬세함을 더해 지금의 일본의 고건축이 되었다.

이에 비해 우리나라는 반도국이다. 따라서 대륙적이면서 도서(島嶼)적인 이중적인 특성을 가졌다. 그래서 우리의 건축은 중국과 일본의 중간적인 성격을 띤다. 자연에 순응하는 생활 철학이 건축에도 반영되어 자연과의 조화를 추구하였다. 이 때문에 지형 그대로를 이용한 건축과, 최소한의 가공을 한 자재들로 지은 건축 양식이 나타난 것이다. "새로운 궁실을 지음에 검소하되 누추하지 않고 화려하되 사치스럽지 않다(作新宮室, 儉而不陋, 華而不侈)."[1]라는 『삼국사기』의 기록이 우리 전통 건축의 특징을 가장 잘 설명해준다.

한중일의 역사를 대표하는 세 도시는 우리나라의 경주, 중국의 시안, 일본의 교토이다. 이 세 도시는 모두 천년 수도로서 왕도(王都)이자 고도(古都)로서의 특징을 가장 잘 지니고 있기도 하다. 이 세 도시의 정체성은 이러한 역사에 기인한다. 따라서 세 도시의 도성과 왕궁 유적을 살펴보는 작업은 세 도시의 역사와 전통을 밝히는 작업이기도 하다. 동아시아 고대 도시로서 공유하는 동질성도 있지만 또 세 도시만의 적층된 고유성도 빛난다. 그리고 전성기와는 달리 지금의 모습과 상황은 세 도시 모두 다르다. 특히 우리나라의 경주는 두 도시에 비해 왕도로서의 모습을 발견하기가 쉽지 않다. 이 글이 시안과 교토의 현재를 통해 경주의 오늘을 성찰하는 계기가 되기를 바라며 논의를 시작한다.

---

1) 『삼국사기』, 「백제본기」

2. 신라의 월성(月城)

월성은 경주시 인왕동에 있는 신라의 궁궐터로서, 사적 제16호이다. 신라 국왕이 기거했던 궁궐이자 성이다. 원래 있던 자연 지형에 흙벽을 쌓아 보강해 만든 토성이다. 남쪽으로 흐르는 남천을 천연 해자로 삼고 다른 면에만 해자를 둘렀는데, 이 해자는 현재 모두 복원되었다. 발굴조사 결과 이 유적지의 건물들은 대략 4세기부터 8세기 이후까지 존속한 것으로 보고 있다.

성 바로 북동쪽에 동궁과 월지가 있다. 지금은 월성과 동궁 사이에 원화로라는 도로가 났지만 원래는 하나의 궁처럼 연결되었다고 추정한다. 또한 바로 남동쪽에는 국립경주박물관이 있는데 여기도 1974년 건설 당시, 그리고 2000년에 왕궁터로 추정되는 유물이 발굴되었다. 일부 학자들은 동궁과 함께 남궁(南宮)이 있었는데 그 터에 박물관을 세웠다고 안타까워 하기도 한다. 이곳과 연결된 동궁 부지와 합하면 약 21만㎡에 달해 상당히 넓은 왕궁이었다. 게다가 동궁과 월지 북동쪽 황룡사지 방향에도 왕궁의 흔적이 발견되었다. 이런 흔적들로 유추해보면 동궁의 범위가 호수 근처가 아니라 훨씬 더 컸을 가능성도 있다.

옛날 동아시아의 웬만한 도시들은 중국의 장안을 본떠 비슷비슷한 계획도시를 만들었다. 월성도 기본적으로 그 형식을 따랐는데, 특이한 것은 다른 나라 도시와 달리 가장 넓은 주작대로가 북향으로 뻗어 있다는 것이다. 중국식이라면 남쪽으로 내어야 할 궁전의 정문이 북

경주 월성 전경
출처: 나무 위키

쪽에 있게 된 것은 월성의 남쪽에 남천이 흐르고 있기 때문이다. 이것이 앞서 말한 자연의 지형을 그대로 살린 우리 전통 건축의 예라 할 것이다. 이것은 중국문화가 들어오기 전 4세기 경부터 수도였고, 후에 기존 건축에 장안성 형식을 덧붙인 형태였으므로 이러한 특이한 구조가 탄생한 것이다.

중대에 들어서는 장안성처럼 주작대로를 중심으로 도시를 네모 모양의 방리로 구획해 계획도시의 형태를 갖추었다. 전체는 정사각형 36방으로, 1개 방은 작은 구획 16개로 나누었는데 각 구획에는 자갈 등으로 폭 13미터 도로를 깔았다. 왕경 전체는 6부 55리 36방으로 나누었다. 특히 전성기에는 바둑판식으로 된 구획 안에 기와집들이 빼곡했으며, 거기다가 당시에는 1층이 아닌 2층 한옥들을 서로 연결

월성 내부 건물지와 경주 시내
출처: 국립경주문화재연구소

했다. 현재까지 발굴된 흔적으로만 보아도 건물들이 촘촘하게 배치되었음을 알 수 있다.

특히 신라 49대 헌강왕 때, 서라벌의 화려함은 극에 달했던 것으로 보인다. 『삼국유사』에는 "제49대 헌강대왕(憲康大王) 때는 경사(京師)에서 해내(海內)에 이르기까지 집과 담장이 연이어져 있었으며, 초가집은 하나도 없었다. 풍악과 노랫소리가 길에 끊이지 않았고, 바람과 비는 철마다 순조로웠다."라고 했고, 또 "내가 듣건대, 지금 민간에서 집을 기와로 덮고 띠풀로 지붕을 이지 않는다 하고, 밥을 숯으로 짓고 땔나무를 쓰지 않는다 하는데 과연 그러한가"[2]라는 왕의 말도 기록되어 있다. 서라벌 중심부에서 해내(海內), 곧 울산 앞바다까

---

2) 『삼국유사』, 「紀異」.

월성 남성벽
출처: 국립경주문화재연구소

지 지붕과 지붕이 이어지고, 그 가운데 초가집은 하나도 없었다고 하니 그 풍요로움을 짐작할만 하다. 그 뿐인가. 기와집이 줄을 잇고, 땔나무 대신에 숯을 사용하였다니 풍요를 넘어 사치스러움이 느껴지기도 한다. 이 시기가 880년 무렵, "서울의 호수가 178,936호(戶), 1360방(坊)에, 주위가 55리(里)였고, 35개의 금입택(金入宅)이 있었다"고 기록된 시기였다.

　이러한 서라벌의 화려함과 달리 궁궐은 소박하고 자연스러웠던 것 같다. 월성 궁궐의 특징은 규칙적이고 정렬하게 배치하는 통상적인 동아시아 궁궐 건축과는 다르게 대형 건물은 하나도 없고 소형, 중형 건물들이 불규칙적으로 배치되어 있다는 것이다. 건물마다 각도가 다르고 위치도 제각각이다. 지금까지 발굴된 결과로 보면 월성 내 관청터는 같은 건물지 내에 정사각형 건물 2개가 서로 같은 각도로 삐뚤

신라 왕경 발굴지
출처: 국립경주문화재연구소

게 배치되어 궁궐보다는 요새 같은 느낌을 준다.

이것은 경주가 신라의 천년 수도 역할을 하면서 적층된 역사의 흔적 때문이다. 신라는 삼국 중 가장 늦게 중앙집권화를 이루었으므로 초기 삼국시대의 원시적인 궁궐이 먼저 이 언덕 위에 존재했을 것이다. 그후 신라의 멸망 때까지 줄곧 서라벌은 수도로서 기능하며 여러 건물들이 적층되었던 것이다. 작은 나라였던 사로국 시절부터 있었던 월성은 거대한 신라에 어울리지 않았지만 시초부터 수백 년을 함께 한 신성한 궁궐을 함부로 부수고 고칠 수는 없었을 것이다. 그래서 진흥왕과 문무왕 시대를 거치며 신라가 한반도의 지배자가 된 후에도 물리적 위치 때문에 국력에 걸맞는 크고 화려한 궁궐을 짓지 못하고, 주변에 동궁과 월지, 남궁, 북궁 같은 별궁을 더 만들었고, 기존에 있던 월성은 계속 그대로 사용했던 것이다. 반면 옆에 있는 동궁과

신라 왕경 발굴지 암거배수로
출처: 국립경주문화재연구소

월지는 문무왕이 삼국을 통일한 직후에 만들었기 때문에 좀 더 정갈하고 세련된 모습을 찾아볼 수 있는데, 건물지 배치 형태를 보면 월성과는 다르게 소형, 중형, 대형 건물들이 정렬하게 같은 각도로 배치된 것을 알 수 있다.

경주 월성 외곽에 대한 학술발굴조사는 1984년부터 지금까지 진행되고 있다. 조사 결과에 따르면 월성이 신라의 왕궁(王宮)으로 추정된다. 그러나 여전히 신라 왕궁의 핵심부로 보이는 월성 내부에 대한 본격적인 조사는 아직 이루어지지 않아, 명확한 실체에 관해서는 설이 분분하다. 경주시는 2014년부터 2025년까지(12개년) '신라왕궁 복원정비사업'을 계획하였으나 여전히 지지부진하다. 경주는 신라의 천년 수도였지만 수도로서의 역사성을 알려주는 도성과 궁궐이 없다.

경주 월지와 동궁

'신라왕궁 복원정비사업'은 여러 논란이 있지만 천년 수도로서의 면
모를 살릴 수 있는 대역사임은 분명하다 할 것이다.

신라 왕궁이 복원될 때까지 경주의 수도 면모는 동궁(東宮)과 월지
(月池)가 대신한다. 과거에 이곳은 안압지(雁鴨池)라 불렸다. 기러기
나 오리가 머무는 황폐한 곳이라는 의미가 담겨 있다. 1974년 발굴된
안압지의 토기 파편에서 '月池(월지)'라는 명문이 나오면서 경주시는
도시의 정체성을 찾아 황성 옛터를 떠올리는 호칭 대신 본래 이름
동궁과 월지를 복원시켰다.

월지는 674년 신라 30대 문무왕이 조성했다. 문무왕은 백제에 이어
668년 고구려를 멸망시키고 삼국을 통일했다. 신라 56왕 가운데 가장

천마총

뛰어난 업적을 남긴 왕이다. 이곳 월지는 문무왕이 삼국통일을 기념하여 조성한 곳이다. 5년 뒤 월지에 지은 임해전(臨海殿)은 나라의 경사스러운 일이나 귀빈을 맞을 때 연회를 베풀던 곳이다. 『삼국사기』에 임해전 연회 기록이 여러 번 나온다. 월지와 임해전은 이렇듯 신라 전성기의 영광을 간직한 공간이다.

이곳은 또 신라 멸망을 상징하는 공간이기도 하다. 『삼국사기』에는 신라 56대 마지막 경순왕이 임해전으로 고려 왕건을 초청해 연회를 베풀었다는 기록이 나온다. 경순왕은 국운이 다했음을 알고 고려 왕건에게 신라를 통째로 넘긴다. 월지와 동궁은 이렇듯 삼국통일의 찬란한 영광과 함께 1000년 신라의 마지막도 함께 한 영욕의 공간이다.

이로 인해 신라의 수도 '서라벌'로 불렸던 이곳은 '경주(慶州)'라는 새 이름을 얻게 된다. 왕건은 전쟁 한 번 하지 않고 1000년 왕국을 얻게 되자 서라벌을 '아주 경사스러운 고을'이라는 경주로 명명했다. 신라의 도읍지를 정체성으로 삼고 있는 경주 입장에서는 재고해봐야 할 이름이다.

3. 당(唐)나라 장안성(長安城)

시안은 중국 최고의 역사 도시답게 전통 건축물이 즐비하다. 진한 (秦漢) 양식, 당나라 양식(唐風), 그리고 명나라와 청나라의 양식(明 淸風格) 등 시기별 다양한 건축 양식이 공존하고 있다.[3)]

북주를 멸하고 수(隋) 왕조를 세운 양견(楊堅)은 이때까지의 장안 을 버리고, 교외 용수원(龍首原)에 새로운 도성(都城)을 세운다. 새 로운 도성을 만드는 공사를 맡은 것은 우문개(宇文愷: 555~602)였다. 용수원은 북쪽에서 남쪽을 향해 6단의 계단처럼 이루어진 구릉 지대 였다. 우문개는 이것을 『주역』의 육효(六爻)로 삼아 도시계획을 세웠

---

3) 이 세 가지 전통 양식은 지붕의 색상과 세부에서 차별화되고 있다. 진한 양식에 서 지붕은 검은색이고, 지붕에 장식이 발견되지 않는다. 당나라 양식에서는 붉 은 지붕이 보이긴 하지만 대부분 검은색과 어두운 녹색 지붕을 사용하고 있으 며, 건축물은 크고 웅장한 것이 특징이다. 명나라와 청나라를 거치면서, 지붕은 노란색을 널리 사용하게 되었고, 세공과 그림이 지붕 아래에 도안되었다.

다고 한다. 처음에 대흥성(大興城)이라 불린 이 도성이 수당(隋唐) 시기의 수도이자 국제도시였던 장안의 모태이다. 중앙에 남북으로 길게 뻗은 주작대로(朱雀大路)를 끼고 왼편에 54방(坊)과 동시(東市)를, 오른편에 또 54방과 서시(西市)를 만들어 총 110개의 방시(坊市)로 이루어진 조방도시(條坊都市)였다. 장안을 모방해 지은 헤이안쿄와 다른 점이 있다면 장안 성내에는 방마다 사면에 또 높은 장벽을 둘렀다는 점이다. 밤에는 장벽의 문을 닫아서 통행을 금했다.

'오래도록 편안하다'는 뜻의 장안(長安)은 도시의 지속가능성을 기원한 명칭이다. 남북 8.6㎞, 동서 9.7㎞인 장안성은 84㎢ 면적으로 서울 여의도의 열 배다. 당대 장안성은 현존하는 길이 13.71㎞의 명나라 성곽 넓이의 9.7배, 원(元)·명(明)·청(淸)의 수도 베이징성의 1.4배에 달하는 세계 최대 규모였다. 447년에 건축된 비잔티움의 7배, 800년에 건축된 바그다드의 6.2배였다.

장안의 중축선은 주작대로였다. 황성(皇城)의 남문인 주작문(朱雀門)에서 외곽성의 남문인 명덕문(明德門)을 잇는 폭 155m, 길이 5020m의 대로다. 서울에서 가장 넓은 세종로의 폭이 16차선 50m였던 것과 비교하면 그 크기를 짐작할 수 있다. 장안성의 가장 큰 특징은 이방제(里坊制)의 계획적 구성이다. 궁성, 동시, 서시 이외의 장소는 남북방향으로 11개의 큰 가로와 동서 14개의 큰 가로로 구획되었다. 거리는 모두 전(塼: 벽돌)으로 포장되어 평탄하며 견고했다. 주작대로는 전 세계 사람들이 몰려드는 국제도시 장안의 관문으로 압도적인 첫인상을 각인시켰다.

시안 거리에 세워진 당나라 장안성 시대의 서역 악사 동상

성 북쪽에는 황제가 거주하는 태극궁(太極宮)과 관청 거리인 황성(皇城: 동서 3㎞, 남북 2㎞)이 위치하며, 남북을 관통하는 주작대로를 중심으로 왼쪽 거리에는 관료, 오른쪽 거리에는 상인과 서민이 거주하였다. 황성의 앞쪽 모서리 좌우에는 동시(東市)와 서시(西市)가 있어 도성의 교역이 집중되었고 수공업을 위한 작방(作坊: 공장)이 있었다. 동시(東市)는 낙양, 서시(西市)는 실크로드로 연결되어 있었으며, 각기 십여만 ㎡에 달하는 크기였다. 동시에는 점포가 220개나 모여 있어 당시 국내외 각지에서 온 상품들과 진기한 물산들이 집중 거래되었다.

주작대로를 중심으로 주작문(朱雀門)의 양쪽에 각각 54방(坊)씩

시안 대명궁 유적지 공안 안에 조성된 대명궁 모형도

격자형 가로에 의해 형성된 108개의 방(坊)으로 구획되었다. 소방(小坊)은 크기가 약 25,000㎡이었고, 대방(大坊)은 소방의 2~4배 크기였다. 방의 내부에 주택과 사묘 등이 배치되어 관리, 지주, 상인, 수공업자 및 승려와 도사들이 거주하였다. 당시 장안성에는 외국인 거주자도 많았다.

이처럼 장안은 제국의 수도다웠다. 이 시기 세계의 모든 길은 장안을 향했다. 당시 100만 인구의 장안은 역사상 전례 없는 물질적 풍요를 자랑했다. 다양한 종교, 풍성한 문학과 예술, 첨단의 법과 정치제도, 새로운 복식과 라이프 스타일 등 유행의 최첨단을 걷는 도시였다. 장안을 향해 한반도와 일본의 유학생과 구법승, 돌궐과 위구르의 무사, 인도, 페르시아, 아랍의 상인들이 몰려들었다. 장안은 세계인이 모여들고 각종 문화가 고이는 국제도시였다.

당대의 장안은 주변 여러 민족의 도성 건설의 모범으로서 신라의

시안 대명궁 유적지

왕경이나 발해의 상경용천부는 물론, 일본의 헤이조쿄와 헤이안쿄가
장안을 모방해 세워졌다. 그래서 '장안'은 수도를 가리키는 일반명사
가 되었다.

이처럼 최전성기 장안의 인구는 백만 명에 이르는 대도시로 발전
했지만, 동시에 식량문제라는 치명적인 문제도 내포하고 있었다. 관
중(關中) 지역은 장안의 불어난 인구를 지탱할 식량 생산이 불가능했
고 강남(江南)으로부터 대운하를 따라 대량 운송이 이루어졌다. 당나
라 조정은 낙양을 부수도로 삼는 등 식량 반입을 위한 여러 대책을
내놓았지만, 안사의 난 이후 정치적 불안정으로 대운하 관리가 힘들
어지면서 장안의 식량 가격은 급등하게 되었다. 그 여파로 장안 거리
에는 굶어 죽는 자들이 잇따랐다. 결국 주전충이 반란을 일으켜 당
왕조를 찬탈했고, 낙양으로 천도하였다. 이것으로 장안은 수도로서의
역사를 마감했다.

당나라 장안성에는 3개의 궁전 건축이 있었다. 태극궁(太極宮), 대명궁(大明宮), 흥경궁(興慶宮)이 바로 그것이다. 장안성의 중축선 북쪽에 자리한 태극궁을 기준으로, 대명궁은 그 동북쪽에 자리하고 흥경궁은 동남쪽에 자리했다. 이 3대 궁전을 지어진 순서에 따라 살펴보자. 수문제 때 세워진 태극궁의 본래 명칭은 '대흥궁(大興宮)'이었다. 이연(李淵)이 당을 건국한 뒤 대흥궁의 주인이 되었고, 예종(睿宗) 경운(慶雲) 원년(710년)에 이르러 '태극궁'으로 그 명칭이 바뀐다.

그런데 당 제국을 상징하는 궁전은 태극궁이 아닌 대명궁이다. 왕유(王維, 701~761)가 「화가사인조조대명궁지작(和賈舍人早朝大明宮之作)」에서 "구중궁궐 궁문이 열리고 만국의 사신이 황제에게 절을 올린다(九天閶闔開宮殿, 萬國衣冠拜冕旒)"라고 노래했던, 실크로드의 동방 성전 대명궁은 고종 이후 당나라가 멸망하기까지 200여 년 동안 정치의 중심지였다. 이 대명궁을 처음 지은 이가 바로 태종이다. 태극궁 동북쪽의 용수원에 아버지를 위한 피서용 궁전으로 지은 것이다. 그런데 태종이 건축을 시작한 이듬해(635년)에 사망하면서 공사는 중지된다. 이후 대명궁으로 개칭하여 고종 때 완성된다. 류머티즘을 앓던 고종은 습기 있는 곳을 피하고자 태극궁에서 대명궁으로 거처를 옮겼다. 이후 당나라 마지막 황제 소종(昭宗)에 이르기까지 대명궁은 당나라 역사를 통틀어 가장 중요한 정치 중심지였다.

고종 이후 황제 가운데 단 한 명이 대명궁이 아닌 '흥경궁'에서 지냈으니, 바로 현종(玄宗)이다. 융경방(隆慶坊)에 거주하던 이융기(李

隆基)가 황제에 등극하자 그의 형제들은 축하의 의미로 융경방에 있는 자신들의 저택을 헌납하자 이곳 융경방 터에 흥경궁이 들어서게 된다. 개원(開元) 16년(728년)부터 안사(安史)의 난으로 현종이 장안에서 도망치기 전(756년)까지가 흥경궁의 전성기였다. 이후 흥경궁은 정치 중심지로서의 기능을 상실하고 퇴위한 황제가 머무는 곳이 되었다. 당나라의 멸망과 더불어 자취가 사라졌던 흥경궁은 1958년에 복원 공사를 통해 시안 시민을 위한 흥경궁 공원으로 거듭났다. 현종이 양귀비(楊貴妃)에 빠져 지냈던 곳인 만큼 이곳 흥경궁 공원은 그들에 관한 기억을 떠올리게 하는 장소이다.

현종과 양귀비는 모란이 만발한 흥경궁 침향정(沈香亭)에서 연회를 즐기곤 했다. 양귀비와 술을 마시며 모란을 감상하던 현종이 갑자기 한림학사(翰林學士) 이백(李白)을 불러오라 명한다. 이백은 주선(酒仙)답게 이미 잔뜩 취해 있었다. 황제 앞에 불려 와서도 여전히 취한 상태다. 현종은 그를 곁으로 올라오게 한다. 이백은 고력사(高力士)에게 자신의 신발을 벗기라고 한다. 황제의 신임을 한 몸에 받던 고력사이건만 무릎을 꿇고 이백의 신발을 벗겨줄 수밖에 없다. 겨우 정신을 차린 이백에게 현종이 어서 시를 지으라고 재촉한다. 붓을 집어든 이백은 일필휘지로 시를 써 내려간다. 바로 청평조사(淸平調詞) 3수이다. 양귀비를 선녀에 비유한 뒤, 마지막에는 아름다운 꽃(모란)과 미인(양귀비) 덕분에 온갖 근심을 날리고 침향정 난간에 기대어 웃음 짓는 군왕(현종)을 노래했다.[4] 그리고 양귀비를 '경국(傾國)'으로 빗댔다.

흥경궁에서 있었던 현종과 양귀비, 그리고 이백의 서사는 당 제국의 찬란한 번영 이면에 드리워진 어두운 그림자를 암시하는 메타포였다. '경국(傾國)'이란 나라를 기울게 할 정도의 미모라는 의미로 양귀비를 지칭한다. 현종이 양귀비에 미혹되어 나라의 위기조차 감지하지 못할 정도가 되었음을 암시한 것으로 읽힌다.

시안에는 당 장안성 외에도 여러 왕조의 유적이 있다. 그 가운데 아방궁(阿房宮) 유적지는 진시황(秦始皇)의 황궁 유적지이다. 지금은 흔적만 남았지만, 그 흔적만으로도 규모를 알 수 있을 만큼 거대하다. 동서 2,500m와 남북 1,000m의 크기이며, 진시황 35년(B.C.212)에 짓기 시작했다고 한다. 아방궁의 크고 작은 전우(殿宇)만 700여 곳에 이르고, 같은 하늘 아래에 있다고 해도 각각의 방이 모두 기후가 달랐다고 한다. 진시황 생전에는 주변의 육국(六國)에서 가져온 보석과 미녀들을 궁내에 보관해 두었고, 매일 돌아가며 하루씩 각각의 방에 머물렀는데, 죽을 때까지도 다 마치지 못했다고 한다. 그러나 진나라가 무너지고 항우(項羽)가 함양(咸陽)을 함락시키면서 아방궁도 폐허로 남게 되었다.

시안에서 사람들이 가장 많이 찾는 곳은 진시황의 병마용(兵馬俑) 유적이다. 정식 명칭은 '진시황제병마용갱(秦始皇帝兵馬俑坑)'으로, 유네스코 세계유산에 등재되어 있다. 병마용은 진시황릉을 건축할 때

---

4) 李白,「淸平調三首」其三 : 名花傾國兩相歡, 常得君王帶笑看. 解釋春風無限恨, 沈香亭北倚闌干.

시안 진시황 병마용

제작되어 함께 매장한 것이다. 『사기』에 따르면 기원전 246년에 진시황이 340만 명의 인부를 동원해 황릉을 건축하기 시작했다. 황릉은 황궁을 모방해 실제와 같은 규모였고, 수은이 흐르는 5천여 개의 강과 수십 개의 망루를 가진 도성 안에 보물과 병사를 배치해 화려하게 조성했다.

병마용갱은 시안시 린퉁구의 진시황릉에서 약 1km 떨어진 유적지로, 흙을 구워 만든 병사와 말 등의 모형이 있는 갱도이다. 1974년 농민이 우물을 파다 우연히 발견해 지금까지 4개의 갱도가 발굴됐다. 병마용은 진시황의 장례에 사용된 테라코타이다. 전사, 전차, 말, 장교, 곡예사, 악사 등 다양한 인물과 사물을 표현했다. 발굴된 4개의 갱도 가운데 3곳에서 모두 8천여 점의 병사와 130개의 전차, 520점의 말이 있는 것으로 추정되며, 여전히 발굴 중이다.

병용은 키가 184cm에서 197cm로 매우 큰 편이고, 장군이 병사보다 키가 크다. 병용은 살아있는 듯한 모습의 등신대로 제작됐으며, 얼굴 부위에는 채색의 흔적이 있다. 병마용의 존재는 진시황제의 강력했던 권력을 상징한다. 고대 중국에는 순장(殉葬)의 풍습이 있어서 주인이 사망할 때 노비를 함께 묻었다. 은허(殷墟) 왕릉에서 발굴된 무덤을 보면, 당시 순장의 규모가 5천여 명에 이르렀다. 주대 이후로 순장의 풍습이 줄어들고, 용순장(俑殉葬)으로 대체했는데, 병마용은 용순장의 최고봉이다.

진시황릉(秦始皇陵)도 장안의 역사를 보여주는 대표적인 유적이다. 중국을 통일한 최초의 황제 진시황의 무덤은 37년이 걸려 완공되었다. 무덤의 둘레가 6㎞, 높이는 40m에 달한다. 무덤이라기보다는 하나의 야산처럼 보인다. 하지만 아직 내부는 발굴이 되지 않아 들어갈 수 없다. 진시황이 무덤을 설계할 때 훗날의 도굴을 방지하기 위해서 수은 등을 이용한 여러 가지 함정들을 설치해 두었다고 한다. 그 비밀을 풀 수 있을 정도로 과학이 발달했을 때 발굴을 시작할 계획이라고 한다.

4. 일본의 헤이안쿄[平安京]

도성은 왕을 비롯하여 왕권을 지지하는 지배계층이 모여 거주하는 곳이다. 그리고 중앙집권적 지배를 실현하기 위한 정치 의례의 장으

교토 헤이안 신궁

출처: 나무위키

로서, 전근대 동아시아 세계에 공통적으로 건설되었다. 일본의 도성은 율령제(律令制)를 바탕으로 하는 천황제 고대 국가가 실현되는 7세기 말 '후지와라쿄[藤原京]'가 그 시작이다. 일본은 7세기 말부터 거의 1세기 동안 복도제(複都制: 복수 도읍제)가 채택되었기에 후지와라쿄 이후 여러 곳에 도성이 건설되었다. 그러나 8세기 말 '나가오카쿄[長岡京]'부터 복도제가 폐지되었고, '헤이안쿄[平安京]'에 도읍을 정한 이후, 헤이안쿄(지금의 교토)는 1100년 동안 수도로 군림하였다. 후지와라쿄[藤原京]가 고대 일본 최초의 도성이었다면, 헤이안쿄(平安京)는 마지막 도성이었다.

헤이안쿄는 당나라의 장안성을 모델로 하여 동서 4.5km, 남북 5.2km의 외성을 건축한 후 북쪽에 궁성을 만드는 방식으로 설계되었다. 남북으로 뻗은 주작대로를 기준으로 도성 서쪽은 우쿄[右京], 동쪽은 사쿄[左京]로 나누었는데, 별칭을 각각 장안(長安), 낙양(洛陽)이라고 불렀다. 그러나 서쪽의 장안은 가쓰라가와의 습기와 잦은 범람 때문에 주거에 적절하지 않아 일찍이 풀이 무성한 습지대가 되어 버렸다. 교토의 주요 사찰들이 도성 서쪽이 아니라 동쪽에 자리한 것도 이런 이유였다. 또한 10세기 중반 '헤이안큐[平安宮]'에서는 '다이리[内裏]'를 중심으로 한 잦은 화재가 발생해 천황은 궁외로 거소를 옮기게 되었다. 이후 천황이 궁 바깥에 거주하는 것이 일반화되었고, 헤이안큐(平安宮)는 의식을 행하는 장소로서 축소되었다. 결국에는 그것마저 어려워져 폐쇄에 이르게 된다.

교토 법관사 5층 목탑

도성 서쪽이 쇠락하면서 장안이라는 이름은 자연스레 쓰이지 않게된 반면 수도 동쪽을 일컫는 낙양이라는 말은 오늘날까지도 사용된다. 교토에 들어가는 것을 상락(上洛) 또는 입락(入洛)이라고 부르는 것도 이런 이름의 흔적이다.

헤이안쿄 조성 이후 수백 년이 지나는 동안 교토는 여러 차례 모습이 바뀌었다. 특히 오닌의 난 때 교토 전체가 쑥대밭이 되었다. 우리가 아는 교토의 고찰들도 이때 화를 면치 못했고 현재 교토에 남은 전각들은 대다수가 15세기 이후의 건축물이다. 서서히 도시가 재건되긴 했지만 예전 같이 복구할 만한 역량은 모이지 않아 도시가 남북으로 나누어지게 된다. 오늘날 카미쿄와 시모쿄 구 일대에만 사람이 거주하고 중간의 나카쿄 구는 논밭으로 전락했다.

몰락해버린 교토를 부흥시킨 인물이 도요토미 히데요시였다. 히데요시는 도시를 정비하는 한편, 경계에 오도이[御土居]라는 토성을 쌓았다. 이때의 성곽은 정방형의 헤이안쿄와는 달리 남북으로 길쭉한 모양이다. 수도를 낙양이라고 부르던 것을 그대로 가져와 이 성곽 안쪽을 낙중(洛中), 바깥을 낙외(洛外)라고 부르기 시작했다. 여기저기 흩어진 절들을 모아 사찰 거리인 데라마치[寺町]를 만든 것도 히데요시였다. 히데요시는 오사카에 거대한 오사카성을 짓기는 했지만 교토에 저택과 성을 짓고는 주로 이곳에서 활동했다. 또한 히데요시에 뒤이어 들어선 에도막부는 전란으로 무너진 고찰들을 복구하는데 힘을 쏟았다. 그래서 현존하는 교토의 많은 전각들은 대부분 에도시대 초인 17세기의 건축물이다.

교토 고소

　헤이안쿄는 헤이안 시대[平安時代: 794~1185)를 대표하는 도성이
다. 794년 간무 천황의 헤이안쿄 천도부터 가마쿠라 막부 설립까지
약 390년간을 헤이안 시대라고 부른다. 대정봉환(大政奉還) 이후인
1869년 메이지 천황이 도쿄로 천도할 때까지 무려 1075년 동안 일본
의 공식 수도였다. 막부 시대에도 실질적인 권력기구인 막부가 가마
쿠라와 에도에 들어선 바가 있지만, 교토는 천황이 근거하는 공식
수도였고, 정치적 입지 역시 견고했다. 이런 연유로 지금도 많은 일본
인들이 교토를 정신적 수도로 여기고 있다.

　헤이안 시대의 왕궁은 없지만 천황이 거주한 교토고쇼[京都御所]
가 역사도시 교토를 빛내고 있다. 794년 간무천황이 헤이안쿄로 천도
했을 때 왕궁[大内裏]은 헤이안쿄 북쪽 가운데 광활한 부지에 건축되
었다. 하지만 도성 서쪽이 습지대라 거주하기 힘들어지면서 도심이

점차 동쪽으로 옮겨갔고, 왕궁 또한 원래의 위치에서 동쪽으로 2km 나 이동하면서 면적도 초기 궁전보다 협소해졌다. 지금의 교토고소는 당시 천황의 임시 거처 가운데 하나였다. 헤이안쿄 당시와 위치도 다르고 모양새도 판이하다. 당시 왕궁은 대부분 정남향이었고 양식도 동양 전통 궁전 양식을 따라 임진왜란 이전 경복궁과 유사한 형태였 다고 한다.

교토고소는 1331년부터 1869년 메이지(明治) 천황이 도쿄로 천도 하기 전까지 약 500년 이상 천황의 거주 공간으로 사용됐다. 여러 차례 화재에 시달리고 재건을 반복했는데, 현재 건물의 대부분은 1855년에 재건된 것이다. 고소 가운데 가장 격식 높은 건물은 역대 천황의 즉위식이 열렸던 시신덴[紫宸殿]이다. 전통의식을 행하기 위 해 헤이안 시대 양식으로 지어졌다. 현재 건물에서 메이지(明治) 천 황, 다이쇼(大正) 천황, 쇼와(昭和) 천황의 즉위식이 열렸다. 건물 내 부에는 즉위식 때 사용됐던 천황의 옥좌인 다카미쿠라[高御座]와 황 후의 옥좌인 미초다이[御帳台]가 있다. 지금도 이곳은 천황이나 국빈 이 교토를 방문할 때 머무는 영빈관으로 사용하며, 황실 관련된 중요 행사장으로 사용된다. 내부의 오이케니와[御池庭], 헌고나이테이[御 內庭] 등 황실 정원도 큰 볼거리이다.

교토의 역사성을 상징하는 건축물로는 또 헤이안신궁[平安神宮] 을 들 수 있다. 1895년에 헤이안 천도 1100주년을 기념하여 세운 신 사이다. 그래서 이름에 '헤이안[平安]'이 붙었지만 헤이안 시대에 창 건된 것은 아니다. 처음에는 헤이안으로 천도한 간무 천황을 제신으로 모시다가, 이후에 교토에서 사망한 마지막 천황 고메이 천황도 합사하였다. 이 건축물은 도쿄 천도에 이어 천황마저 교토를 떠나는 상황에서 교토의 역사적 정체성을 강조하기 위해 세운 것이다.

그래서 건물 배치도 헤이안쿄 조성 당시 궁궐의 모습을 본떴다. 문을 지나면 넓은 마당이 나오고 이어서 본전이 나타난다. 건물들 뒤편으로는 1만 평에 달하는 정원 신엔[神苑]이 펼쳐진다. 멀리서도 보이는 거대한 토리이[鳥居]는 쇼렌인[青蓮院]5) 앞의 길에서도 보일 정도다.

5. 맺음말

경주는 천년 도읍지로서 월성 왕경의 복원을 시작했고, 장안성의 대명궁 터를 보존하면서 유적공원으로 조성했던 시안도 대대적인 복원작업을 시작했다. 일본은 헤이안쿄의 흔적 위에 여러 시대의 건축물이 덧붙여지고 쌓여서 당시의 흔적은 찾아볼 수 없지만 천황 거처인 고소(御所)가 왕도로서의 위엄을 뽐내고 있다. 당나라 현종과 양귀비의 이야기가 담겨 있는 황제의 별궁 흥경궁은 공원으로 조성되었고, 교토에는 고소 외에도 1895년 헤이안 천도 1100주년을 기념하여 세운 헤이안신궁(平安神宮)이 고대 도읍지로서의 위상을 보여주

---

5) 쇼렌인 몬제키[青蓮院門跡]라 불리는 이곳은 산기슭에 자리한 사찰로, 1150년에 건립되었다. 몬제키[門跡]라는 이름은 주지 스님이 황실 관계자에 의해 계승되어 온 격식 높은 사찰이었음을 의미한다. 사찰 안에는 큰 후박나무가 있는데, 수령이 800년이 넘는다고 한다.

고 있다. 하지만 경주는 여전히 고대 도읍지로서의 상징 건축물이 없어서 상대적으로 소박해 보인다.

왕도 서라벌을 증거하는 월성의 복원이 진행 중이다. 아니 정확히 말하면 발굴 중이고 논의 중인 것 같다. 역사성을 되살리는 일이니 복원을 마다하는 사람은 없다. 그런데 역사적 고증과 복원 방법 등 수많은 이견이 있는 것 같다. 당연한 과정이고 필요한 논의라고 생각한다. 국가적으로 일사불란하게 '대명궁'의 복원을 밀어붙이는 시안이 부럽지도 않다. 세 도시 가운데 가장 늦게까지 수도 역할을 했던 교토의 '고소'가 의연한 것도 당연하다.

다만, 왕도로서의 정체성 차원에서 왕궁의 발굴과 복원은 꼭 필요해 보인다. 더구나 경주 월성은 장안성이나 헤이안쿄와는 확연히 다른 특징을 갖고 있다. 장안성을 모델로 했지만 자연 지형과 어우러진 향과 배치는 다른 두 도시에서는 상상하기 힘든 모습이다. 신라의 유연성과 합리성을 보여줄 뿐 아니라 서라벌만의 교유성이라 할 만하다.

시안의 대명궁과 함께 경주의 월성이 제대로 복원되어 동아시아 고대 왕도의 찬란한 문화가 서로 접속되고 연결되었으면 좋겠다. 그 과정에서 세 도시가 상호작용을 하며 새로운 전성기를 맞을 수 있다는 꿈을 꿔본다.

참고문헌

김부식 저, 신호열 역해,『삼국사기』, 동서문화사 2007.

일연 저, 김원중 역,『삼국유사』, 민음사 2008

유홍준,『나의 문화유산답사기(석굴암외)』, ㈜창비, 2012.

황윤,『일상이 고고학: 나혼자 경주 여행』, 책읽는 고양이, 2020.

황윤,『일상이 고고학: 나혼자 경주 여행2』, 책읽는 고양이, 2023.

유홍준,『나의 문화유산답사기(중국편1/2/3)』, ㈜창비, 2020.

김학주,『장안과 낙양, 그리고 북경>, 연암서가, 2016.

이시다 미키노스케 저, 이동철 역,『장안의 봄』, 이산, 2004.

박정희,『중국, 고도를 거닐다』, 서울대학교출판문화원, 2020.

둥젠홍 지음, 이유진 옮김,『고대 도시로 떠나는 여행』, 글항아리, 2010.

이유진,『중국을 빚어낸 여섯 도읍지 이야기』, 메디치미디어, 2018.

유홍준,『나의 문화유산답사기(일본편1/2/3/4/5)』, ㈜창비, 2020.

하야시야 다쓰사부로 저, 김효진 역,『교토』, AK(에이케이 커뮤니케이션즈), 2019.

임경선,『교토에 다녀왔습니다』, 위즈덤하우스, 2017.

정재정,『서울과 교토의 1만년』, 을유문화사, 2016.

생각노트 지음,『교토의 디테일』, 미래엔, 2020.

무라야마 도시오 지음, 이자영 옮김,『천년 교토의 오래된 가게 이야기』, 21세기북
       스, 2019.

| 집필자 소개 |

권응상 대구대학교 문화예술학부 교수

김상수 다큐멘터리 사진가

김정학 대구어린이세상 관장

다나카 사토시 田中聡 교토 리쓰메이칸대 문학부 교수

최경호 영남대학교박물관 학예연구원

대구대학교 인문과학연구소
동아시아도시인문학총서 16

동아시아 도시의 접속과 연결(실천편)

초판 인쇄 2024년 2월 21일
초판 발행 2024년 2월 29일

기   획 | 대구대학교 인문과학연구소
집 필 자 | 권응상·김상수·김정학·다나카 사토시·최경호
펴 낸 이 | 하운근
펴 낸 곳 | 學古房

주   소 | 경기도 고양시 덕양구 통일로 140 삼송테크노밸리 A동 B224
전   화 | (02)353-9908 편집부(02)356-9903
팩   스 | (02)6959-8234
홈페이지 | http://hakgobang.co.kr/
전자우편 | hakgobang@naver.com, hakgobang@chol.com
등록번호 | 제311-1994-000001호

ISBN 979-11-6995-484-6 94910
     979-11-6586-396-8 (세트)

값 : 18,000원

■ 파본은 교환해 드립니다.